絶対成果の出る

＼オドロキの／

社員研修

山口しのぶ

YAMAGUCHI SHINOBU

幻冬舎MC

はじめに

企業の根幹を支えるのは人であり、事業の拡大には個々が能力を発揮することが不可欠です。そのため多くの企業が人材教育に力を入れ、近年では質の高い教育を効率よく行うために外部の研修代行会社を活用するケースも増えています。

日本経済団体連合会の調査によると、人材教育のための研修を社内で独自に行う企業が15・1％であるのに対し、外部の研修代行会社を使う企業は検討中の企業も含めて78・2％にも及びます（「人材育成に関するアンケート調査結果」２０２０年）。

しかし、外部研修を行っても成果が出るとは限りません。育成の方針や目標があいまいなままトレンドや人気だけで研修テーマを選んでも、受講する社員はなにを目的に学ぶのかが定まらず、思ったような成果が出にくくなります。また、研修代行会社もピンからキリまであります。ビジネス理論やビジネススキルを表面的に学ぶような内容では得られる知識・技術も乏しく、お金と時間がムダになるだけです。

私は２０１４年に人材育成の会社を設立し、大手企業に向けた研修、講演、教育・人事制度の構築支援を行っています。依頼者である経営者や人事担当者からは、これまで実施してきた研修では社員のモチベーションが上がらない、社員の成長を実感できないといった相談を数多く受けてきました。せっかく研修の機会を設けても成果が伴わないのであれば、それこそ本末転倒です。成長が見られないミスマッチな研修が社員を疲弊させ、ひいては会社の成長を妨げてしまうのです。

成果が出る研修を行うには、社員にどういう人材になってほしいのか、社員のどんな能力を高めたいのかという人事戦略を策定するとともに、会社をどう変えたいのかというビジョンを描き、研修の意義を明確にすることが重要です。

これらを踏まえて研修テーマを設定するとともに、例えばハラスメント防止など社員自身にも関わる社会の潮流に合った題材も研修に盛り込めば、社員たちは積極的に学ぶ気持ちが芽生えます。

研修スタイルも座学やオンラインで受動的に学ぶだけでなく、グループで議論するなどアウトプットの場を設けることで自分のスキルアップが実感でき、さらに意欲的に研修に取り組むようになります。常に自分の成長が感じられる実践的な内容が、狙いどおりの成果に結びつくのです。

本書では、私が研修事業を通じて蓄積してきた事例と実績を挙げながら、成果が出る研修の選び方や成果を最大化するためのポイントを示します。日々、企業の課題と向き合う経営者や人事担当者が、研修によって解決のヒントを見いだすことができるのであれば、著者としてこれほどうれしいことはありません。

絶対成果の出るオドロキの社員研修　目次

［第2章］戦略なき詰め込み型研修は役に立たない
絶対成果を上げるために理解しておくべき「研修の意義」

［第4章］インプットとアウトプット、個人とグループ、ウェブとリアル——社員に合った「研修スタイル」を選択する

［第5章］課題共有・自社向けカスタマイズ・アフターフォロー――実績のある「研修代行会社」を選択する

［第1章］

コストと時間をかけても成果なし……なぜムダな社員研修になってしまうのか？

増える人材投資、絶対避けたいムダな研修

社員のスキルアップを図るために、外部の専門家による研修を依頼する企業が増えています。人事労務分野に関する情報機関である産労総合研究所の調査を見ると、企業向け研修サービスの市場は継続的に伸びていて、従業員1人にかける教育研修費用は、2022年度実績が2万9904円と前年度から5063円、率にして20・4％増加しています。また、今後1～3年の教育研修費用についても、半数以上の55・8％の企業が「増やす」と答え、「現状維持」は40・1％、「やや減少」は4・1％、「かなり減少」と答えた企業は0％でした（2022年、産労総合研究所）。

調査年度はコロナ禍からの回復前途であったとはいえ、2023年3月期決算からは上場企業等に対して、人的資本経営に関する情報開示義務が生じていることからも、人材投資は今後も確実に増えていくことが予想されます。以前より「企業は人なり」ともいわれてきたものの、今回の情報開示義務によって今後はより実態的な数字評価が行われます。

しかし、コストをかけて外部の提供する研修サービスをやみくもに実施しても意味があ

【図表１】 教育研修費用総額の今後（１～３年）の方向性

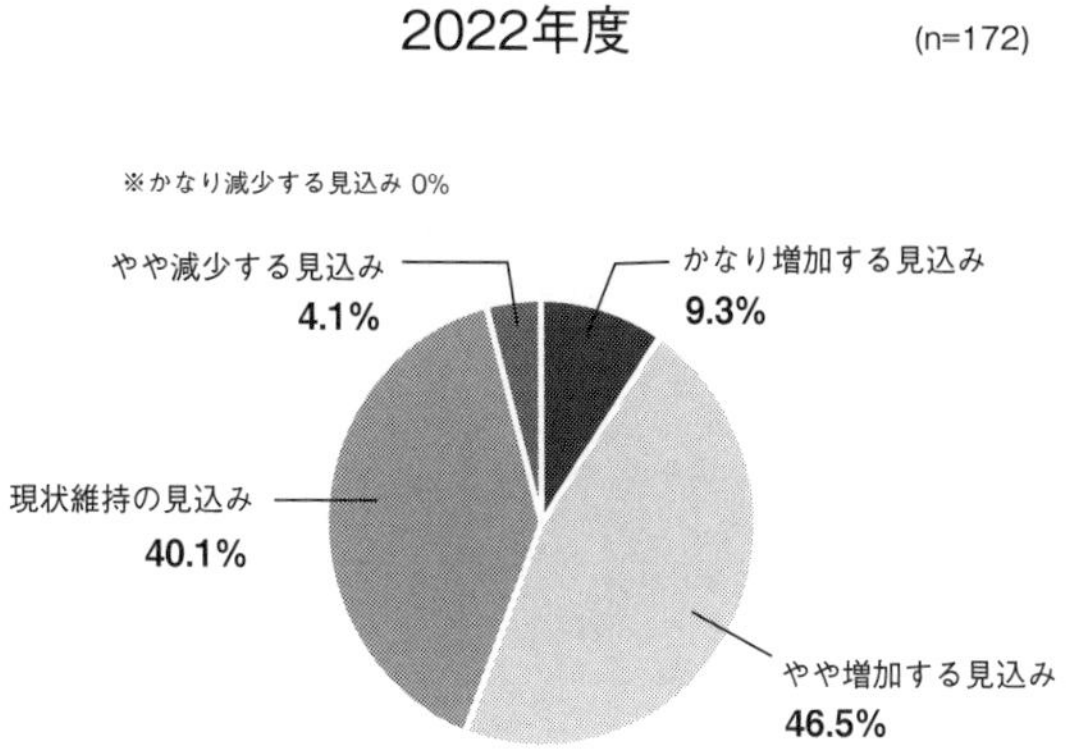

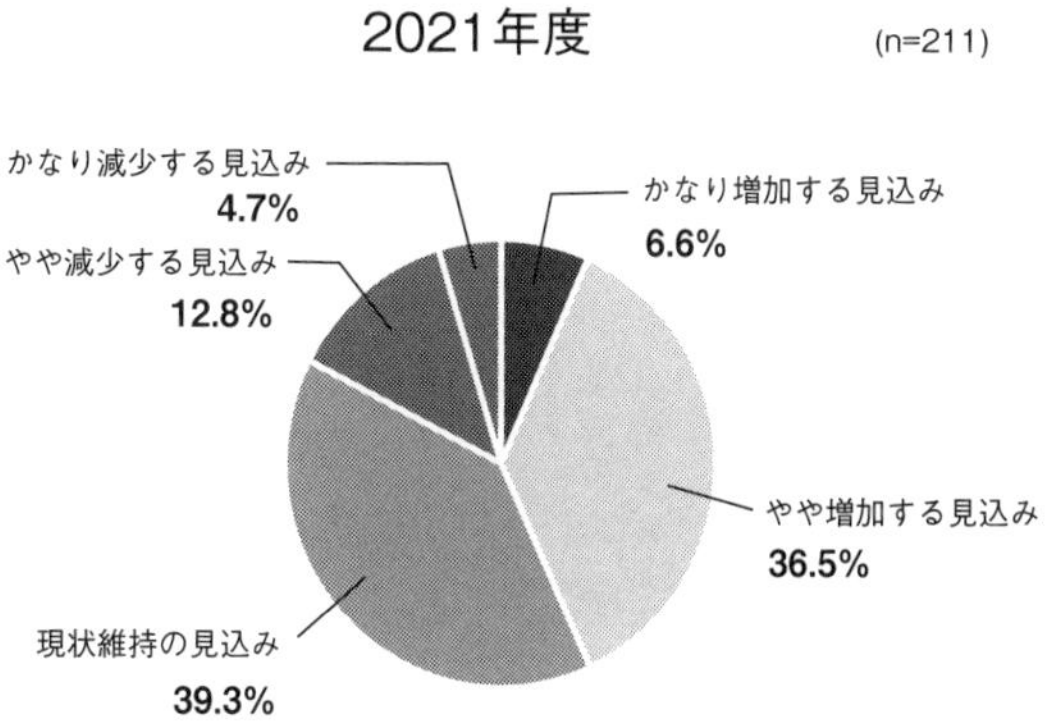

産労総合研究所『2022 年度 教育研修費用の実態調査』データより、グラフ著者作成

りません。成果の出ない研修にお金をかけてしまうと、社員のスキルアップにつながらないばかりか、社員のモチベーションを低下させてしまう最悪の逆効果をもたらします。

「育てても辞めるから」はむしろ人材流出を加速する

日本企業全体では人材育成にかける投資が年々伸びているなかで、一方中小企業は大手ほど人材投資に積極的ではありません。人材投資にお金を回すほどの余裕がないというのもありますが、離職率が高い中小企業の経営者には「せっかく育てても辞めるから研修にお金と時間を使うのはもったいない」と考える人もなかにはいます。

たしかに、大手企業と比べると中小企業は人の出入りは多いのが実情です。厚生労働省が2022年に公表した資料によれば、従業員数1000人以上の大手企業では入社から3年以内の離職率は24・9％ですが、100人未満の会社では39・4％、5人未満の会社に至っては5割以上が辞めているという結果になっています（すべて大卒の数値）。この数字を見ると、せっかく人材に投資しても、という気持ちも分からなくもありません。

しかし、この考え方は正しいようで正しくなく、人材に投資をしない会社はさらに離職

【図表２】新規学卒就職者の 2022 年 10 月 28 日時点の離職状況（2019 年３月卒業者）

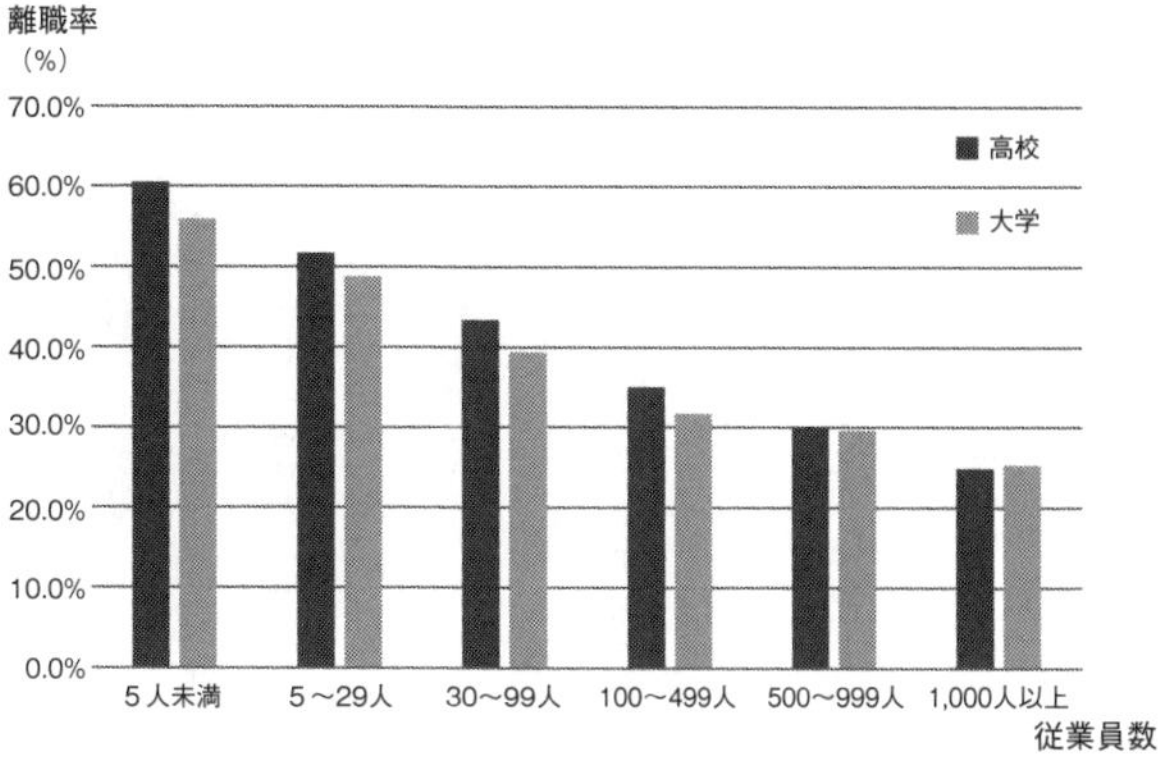

2022 年 10 月 28 日　厚生労働省公表資料データより、グラフ著者作成

を加速させることになるのは明白です。人的資本経営の重要性が叫ばれるようになった２０２３年以降は、人材に投資する会社とそうでない会社がよりはっきりと見えるようになります。人的資本の情報開示義務は投資家向けだけのものではなく、重要なステークホルダーである社員にとっても職場選択の指標となります。

社員の定着率が高く、業績を伸ばしている企業は、どうせ辞めるという考えではなく、そもそも辞めないようにどうすればいいかと考えています。そのために社員研修を有効に活用し、社員のスキルアップと合わせて、エンゲージメントをいかに高めるかということを考えて研修を組み立てています。

エンゲージメント（engagement）とは、元々は「婚約」「誓約」といった意味をもつ英単語です。近年、人材育成や雇用の場面でよく使われる言葉ですが、帰属意識に近い概念でありながら、より企業と従業員の双方が深くつながっている状態を指す用語として用いられます。このエンゲージメントが高い状態の会社ほど、社員のやる気やモチベーションは高く、離職率も低くなり、一般的には生産性も高まると考えられています。

しかし、このような会社に対するエンゲージメント向上を狙った意図が組み込まれていない研修はムダな研修になりがちです。成果の出る研修というのは、社員のスキルアップを目的とする一方で、社員のエンゲージメント向上を狙ったものでもあります。

社員の研修満足度が高くても成果の出た研修とは言えない

とはいえ、社員のスキルアップとともにエンゲージメントを高めるための研修というのは簡単ではありません。エンゲージメントが高まったかどうかは成果として測りづらいものであることも関係しています。よくあるのは、研修後に社員満足度調査を実施し、その結果で社員研修に成果があったのか、なかったのかを評価するものですが、これには実は落とし穴が潜んでいます。

例えば「流行りのキーワードだから」という理由で、ＤＸ、脱炭素、ＬＧＢＴといったテーマの研修を受けさせている企業やその人事担当者がいます。流行りに敏感で会社は社会課題に早急に対応しようとしていると見ることもできるのですが、多くの場合、こうした研修は私に言わせればムダな研修、成果の出ない研修になりがちです。なぜなら、こうした研修はたいてい単発で、手を変え品を変えあらゆるテーマで研修が行われるものの、実際の社員の業務は相変わらずＤＸや脱炭素、ＬＧＢＴとは無縁、結局のところ自分の仕事と結び付いていないのでいい話を聞いた、見聞が広がった、で終わってしまっているのです。それはまだいい方で、なかには「忙しいのに、なんでこんな研修に付き合わされるんだ」と心の中で毒づいている社員も実は結構いるものです。そういう社員の数は、研修満足度調査には反映されません。多くの場合、研修実施担当者に気を使って「ためになった」に丸をつけるからです。ＤＸの前にＩＴ化すら進んでいない企業や、CO_2排出の少ないサービス業、女性雇用すら進んでいない企業でＬＧＢＴについて学んでもあまり意味はありません。

もちろん、そのときの時流に沿ったテーマについて知ることは大切です。ただ、実施する研修のほとんどに、しっかりとした目的意識や意図がなく、会社の実情と合っていないと、せっかくの研修が成果の出ないものになってしまいます。

外部に丸投げの研修はムダになる

また、社員研修を外部の専門会社や講師にすべて丸投げしてしまうのも目的意識や意図が定まらず、成果の出ない研修になる原因です。研修はテーマもスタイルも多様です。そのうえで、どの研修業者に依頼するかによっても効果が変わるため、経営者や研修の担当者としては、どんな人を育てたいか、どんなスキルを身につけてほしいかといった企業としての研修の目的を踏まえ、その目的を着実に達成できる研修業者を選ぶことが大切です。

しかし多くの場合、研修目的が明確にならないまま外部の研修会社に研修を依頼してしまう企業が少なくありません。外部の研修会社や講師もさまざまですが、社員研修の目的設定や長期的な研修計画から相談に乗ってくれるところもあれば、得意分野の研修内容を提供しているだけのところもあります。後者に頼んだ場合、研修内容と本来の目的が合っていないお金と時間をムダにする研修になってしまうのです。

実際には研修会社や講師はそれぞれの得意分野、テーマを売りにしていることも多く、研修の目的を一緒に考えてくれるような会社や講師はそれほど多くありません。研修を依頼する企業側が流行りのテーマを扱っているからと安易に外部に研修を依頼してしまうと、目的の部分が欠如したまま、ムダな研修になってしまいます。

とはいえ、研修目的を設定するのもそう簡単ではありません。研修は社会人としてスキルを身につけるのはもちろん、マネジメント研修やその企業らしさをもつ人を育てる取り組みでもあります。その企業らしさとは、企業の理念、ビジョン、パーパスなどで表されるもので、担当者がそれらを分かっていなければ研修によってどんな人に育てていきたいのかといった求める社員像も定まりません。

会社を俯瞰して研修目的と計画を立てられる担当者がいない

また、内容について研修を受ける社員たちに分かりやすく伝えたり、研修という具体的な手段に落とし込んだりして社内に展開していく力も求められます。いくつかの部署や部門があれば、会社全体を見渡して、どの部署の、どんな役職の社員に、どんな研修が必要なのかを見極める役目もあります。そうした社内の状況を細かく把握できるのは、社内の人間でなければ難しく、外部の会社や講師に自社が必要としている研修がどのようなものなのかは分かりません。

製造業の会社であれば、製造と販売・営業の両方が育たなければ業績は伸びません。両方の現状を見つつ、各部門とコミュニケーションを取りながら育成の全体像をつかみ、必要な研修を設定していくことが求められるのです。

新人研修、リーダー候補、管理職といった役職ごとの課題をしっかりと把握したうえで、女性活躍の推進、コンプライアンス向上といったトレンド的な課題とすり合わせ、必要な研修を行っていく必要があります。

しかし、実際にはこうした横断的な人材育成のできる専任担当者がいる企業は少数です。研修の専任担当者がいるというのは特に中小企業では難しく、他の業務で手いっぱいになっている担当者が、片手間で研修を手配しているというのが現実的なところです。

そんな状況では研修の価値や企業が目指すあり方を理解しようという意識を持つのは難しく、研修の手配は処理業務の1つになり、外部に依頼して任せておけばいいと考えるようになってしまいます。

このような原因がいくつも重なり、研修の目的や中身が考えられていない、成果の出ない研修になってしまうのです。

研修のスタイルによっても成果は異なる

さらに研修目的や対象社員、研修テーマに合わせて考えなければいけないのが研修のスタイルです。研修スタイルとは、どのような形態で研修を行うのかということで、例えば講師が一方的に多数の社員向けに話をする形態もあれば、参加メンバー同士が何人かのグループとなってワークショップ形式で進めるもの、他社の社員も広く参加するオープン型のセミナーや完全に社内向けのオーダーメイド型研修もあります。それぞれの研修スタイルには特徴があり、設定している目標によって成果の出るスタイルを選ぶ必要があります。

しかし、こうした研修スタイルの特徴について研修担当者が理解できていなければ、誤った選択をしてしまう可能性もあります。そもそも研修目的をしっかりと設定できていないと、どの研修スタイルを選ぶべきなのかということも分かりません。結果的に、単にかかる費用のみを比較して安い研修を選んでしまい、実際は費用対効果が低いか、もっと最悪なのは研修を受けた社員の不満につながってしまうということにもなりかねません。これでは成果が出ないどころか、マイナスの成果になってしまいます。

成果の出る研修は、目的を設定したうえで「テーマ」「スタイル」「研修代行会社」を決める

ここまで見てきたように、研修で成果を出すためにはまず目的を設定することがなによ

りも大切です。そのうえで目的に合わせた研修を選んでいく必要があります。整理すると次のようになり、それぞれの順番も大切です。

1　研修の目的・意義を設定する
←
2　研修テーマを選択する
←
3　研修スタイルを選択する
←
4　研修代行会社を選択する

最初の目的や意義の設定さえ誤らなければ、その後の3つのポイントはしっかりと知識として押さえていけばおのずと決まっていきます。このようにして実施した研修であれば、社員のエンゲージメントも高めながら、スキルアップを図ることができるようになります。

成果を出すには継続性が大事

もう1つ付け加えると、研修で成果を出すには長期的な視点で計画を立てることも大切です。研修の目標設定は、1回の研修で達成できない目標も少なくありません。新人研修からリーダー研修、マネジメント研修といったように社員のステージに合わせて、段階的に成長を促す必要がある研修もあります。

また、同じテーマでもたとえばマネジメント研修であれば、さまざまな角度や研修スタイルで実施していく必要があります。社員にマネジメント力をつけてもらうために、著名な講師によるセミナー講習を受けてもらう一方で、グループディスカッションによる実践的な研修で身に付けてもらうものもあります。

こうした研修内容は一つひとつ単体で考えるのではなく、研修目的を設定する際に長期的な視点で継続的な研修を前提として考えていく必要があります。たった1回の研修で成果を出そうとすると成果を出せなくなってしまいます。

［第2章］

戦略なき詰め込み型研修は役に立たない 絶対成果を上げるために理解しておくべき「研修の意義」

研修には2つのタイプがある

研修の目的や意義を考えるうえで最初に知っておくべきことがあります。研修は、大きく2つのスキル修得に分けられます。1つはテクニカルスキルといわれるもので、もう1つは、ヒューマンスキルといわれるものです。

テクニカルスキルは日本語で業務遂行能力と呼ばれるスキルの一群で、例えば、機械の使い方や資料の作り方、プレゼンテーションのやり方などが含まれます。テクニカルスキルを学ぶ研修は基本的には現場の仕事を細かく分析したうえで設定することで、仕事の効率化や生産性向上に役立てることができます。テクニカルスキル研修は現場の業務上の課題などに合わせながら必要に応じて行うことができ、社内にスキルが高い人がいれば社内研修として学ぶこともできますし、そのような人がいなければ外部の研修業者によるセミナーなどを使いながら、不足しているスキルを身に付けることができます。

一方、ヒューマンスキルは日本語で対人関係能力と呼ばれるスキルです。例えば、リーダーシップやコミュニケーション、マネジメントなどがヒューマンスキルに含まれ、この

【図表３】研修で身に付けるべき２つのスキル

ヒューマンスキル（対人関係能力）

ヒューマンスキル　例）

・リーダーシップ

・コミュニケーション能力

・マネジメント

・各種ハラスメント対策　等

テクニカルスキル（業務遂行能力）

テクニカルスキル　例）

・道具、機械の使い方

・資料の作り方

・PCスキル

・プレゼンテーションスキル　等

分野を学ぶことが対人関係を良くすることに結びつきます。昨今はハラスメントによって職場の雰囲気が悪化したり、社員のやる気が低下したりすることがないよう、企業側もかなり気を使ってこうしたヒューマンスキル研修に力を入れています。

研修目的を設定する際には、このうちどちらのスキルを上げたいのかを考えることで、研修目的がより明確になります。

ヒューマンスキルは社員の成長を加速する

人事育成の世界には7：2：1の法則というものがあります。これは、人の成長への影響を表すもので、7割は日々の仕事、2割は上司、1割が研修や自己啓発などの教育や学習によって成長していくことを意味しています。研修の影響力が1割しかないというとたいしたことがないように思えますが、それは主にテクニカルスキルを学ぶ研修を指しており、ヒューマンスキルの研修とは分けて考えるべきものになります。ヒューマンスキルを学ぶことは、7割を占める仕事や、2割を占める上司にも影響します。

例えば、仕事の意義やチームワークの重要性などについて学ぶことで仕事の質が高まります。管理職やリーダー層がリーダーシップやマネジメントを学ぶことで、上司の質も高まります。つまり、研修は知識や技術を身につけるもの（テクニカルスキルの研修）と考えると1割しか影響しませんが、ヒューマンスキルによって人が育てば、社員の成長は加速し、企業は大きく変わることができるのです。

ヒューマンスキルは人格を育てる

ヒューマンスキルの分野はテクニカルスキルと比べて社内で研修しづらいという特徴があります。ハラスメントを起こしている当事者がハラスメントの違法性について講義しても、誰も聞く耳をもちません。この分野の研修は社内で学びにくいものであるため、外部の研修業者を使うことが社員と企業の成長につながります。

ヒューマンスキルにはいろいろなテーマがありますが、その本質は一言でいえば「人格を育てる」ことです。より分かりやすく分解すると、自律心と良心を育てることといえます。リーダーシップやマネジメントといったさまざまなアプローチによって、この2つを高めていくことがヒューマンスキル研修の目的です。

ヒューマンスキル研修とテクニカルスキル研修の違いは、家庭と学校での教育の違いに似ています。家庭では世の中のルールや常識を教え、学校では勉強を教えます。しかし、いずれもそれ自体が本質的な目的ではありません。子どもを立派な人に育てることが重要で、そのために必要な知識や経験を提供しているわけです。

研修も同じで、重要なのは人づくりです。研修を通じた指導やコミュニケーションによって、社員が社会において価値ある人になり、本人も周りも幸せになることが研修の狙いです。人格が高まれば、主体的に学び、相手の目線に立って行動し、つまらない悪事をせずに仕事に取り組むといったことが当たり前にできるようになります。つまり、当たり前のレベルが高まるのです。社内に人格者が増えれば、その企業は取引先にも顧客にも信頼され、発展していくはずです。

研修を受けた人は周囲にも影響力をもつ

人格者というと、なんでも知っていて、何でも完璧にこなすというイメージがありますが、実際にはその正反対です。自分が完璧ではないと理解している人、自分に欠点や足りないことがあると認められる人こそが人格者だと私は考えています。

自分にはできないことや苦手なことがあると冷静に把握できる人は、ミスをしたときに素直に謝ることができます。助けが必要なときに助力を願い出ることもできます。自分が完璧ではないと分かっているため、どんな場面でも驕ることなく謙虚でいられるのです。

また、完璧ではないと分かっている人は常に素直な気持ちをもって学び続けることができます。学び続けるから言葉に説得力が生まれ、人がついてきます。そこでチームが生まれ、組織ができます。

さらに、年齢や経験や役職などに関係なく、自分にはできないことができる人を尊敬しますので、力を合わせることの大切さを理解しています。できない人がいても馬鹿にするような言動はしません。どのような相手に対しても、その人なりの長所や魅力を見いだそうと考え、その力を引き出そうとします。

すると、チーム内の関係性が良くなりますし、長所を認められた人たちはそれぞれの長所を発揮しやすくなります。その結果、チームの力も高まり、人格者のリーダーを中心として強い企業に変わっていくことができるのです。

自律心と良心を育てることを中心に考える

人格を高めていくためには、自律（自立）の意識と良心を育てることが重要です。これも外部研修を行う目的の1つです。

例えば、昨今は女性の社会進出やダイバーシティ経営が進んでいますが、一方には働く女性のすべてが必ずしも自身の成長に意欲的であるとは限らないという側面もあり、壁（103万円の壁や130万円の壁）を超えない程度にそこそこ稼げればいいと考えている人もいます。そこそこでいいと思ったら、その人はそれ以上の仕事はやりません。給料を増やしたり休日を増やしたりすることとは関係なく、やらないと決めている人はやらないのです。

そこに企業の多様性を阻む要因があります。女性の感性を仕事に活かしたり、人口減少の社会で貴重な働き手である女性の社員を増やしたりして、その結果として企業の生産性を高めていくためには、社員がやる気にならなければなりません。企業の多様性と生産性を高めていくためには、やる気、すなわち自律の意識を育て、自律型の社員を増やしていくことが求められるのです。

新人研修で特に重要なのは自律心を育てること

自律は新人にとっても重要です。新人教育では積極的・主体的に動く社員を増やすことが重要で、その行動を生むのが自律の意識だからです。上司のなかには、メンバー（部下。本書では、上司と部下という単純な関係は今日的ではないと考え、上司とメンバーという言い方を推奨しています）が指示しなければ動かないことに不満をもち、指示待ちが多いと嘆く人もいますが、これこそ自律心が育っていない状態です。上司の立場としては、指示待ちの意識を変えて、自律的に行動する人に育てていくことが求められます。そのための方法はいくつかありますが、まずは上司本人が指示するのをやめることが大事です。指示しないと動かない状態になるのは、指示をすることにより、自分で考え、行動する機会が奪われているからです。新人にとっては上司の指示が絶対ですから、言われればそのとおりにするはずです。それが繰り返し続くと、上司が言うとおりにやることが自分の仕事だと思うようになります。ですから、メンバーが自分で考えるようになるには、指示をやめる必要があるのです。社員の育成のために企業ができることは環境と機会の提供ですから、どうすればよいか自分で考えさせる機会を与えることが大事なのです。

その際にもう1つ大事なことは、仮に新人が間違った判断で行動したとしても、それを頭ごなしに否定しないことです。ここはいわゆるサーバント型のリーダーが力を発揮するところです。サーバント型となるためには、相手の話を聞き、共感し、気づきを与えて成長を支える必要があります。間違った判断をした人に対しても、まずは話を聞き、なぜ間違えたのかを一緒に考えます。そのうえで、正しい方法を教え、当人に自分の見落としやよりよい判断をするための考え方などについて気づきを与えることが大事なのです。

人が育たない企業には、間違いは悪であり、ミスをすれば上司に叱られるといった雰囲気が蔓延《まんえん》しています。そのせいで新人が自分で考えたり行動したりするのをためらってしまうのです。まずはその社風を改善するため、外部の風を入れて管理職の意識を変えていくことが有効なのです。

【図表4】 リーダーシップによる自律心の違い

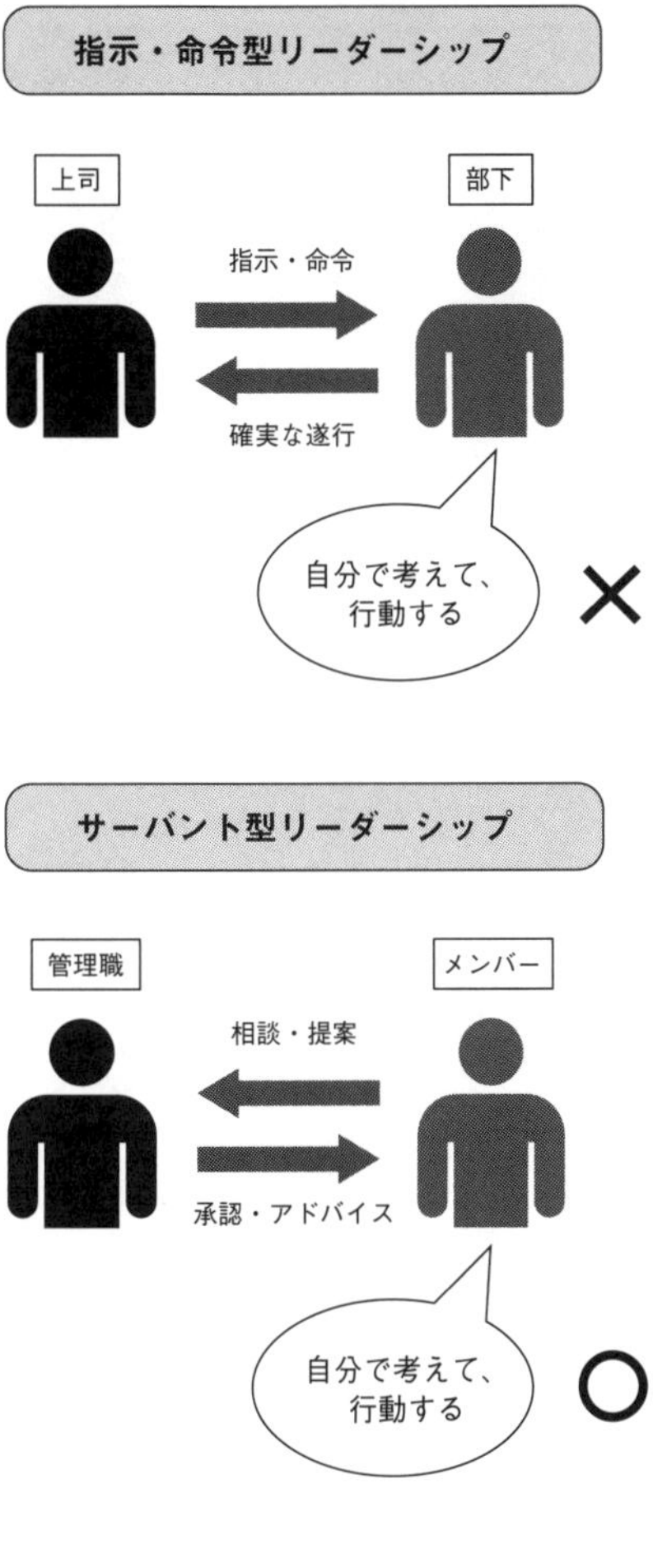

サーバント型リーダーシップは西郷隆盛タイプが理想

私は歴史が好きで幕末オタクですが、なかでも特に好きなのが鹿児島のヒーローである西郷隆盛です。

西郷さんは人格者にして、サーバント型リーダーの典型です。彼は幼いときに腕の神経を切るけがを負ったため剣が使えず、銃の腕もいまいちでした。あの時代に剣も銃も扱えないのは、現代でいえばパソコンやスマホが使えないようなものです。また、西郷さんは大久保利通と対立することになりますが、賢さでいえば大久保のほうが上でした。歴史上有名な偉人である西郷隆盛は、実は武の力も政治的な賢さも決して秀でていたわけではなかったのです。しかし、彼は慕われました。大久保利通と揉めて鹿児島に戻る際には彼を慕う多くの士族がついていきましたし、その後の西南戦争では1万4000人以上の兵を従えて戦うことになるのです。

なぜそこまで人がついてきたかというと、人柄です。西郷さんはいろいろな人と話をして、常に愛情をもって相手に寄り添いました。西南戦争で二番大隊長を務めていた村田新八という藩士は、幼少の頃からその人柄に惹かれ、懐刀として終生にわたって行動をともにしたといいます。その話を知って私は、上司とはこういう人を指すのだと理解しました。一生ついていきたいと思わせる人こそがまさに人格者であり、組織の中核たり得るのだと思ったのです。

幕末の混乱から約150年が経ち、時代も日本も大きく変わりました。しかし、組織づくりの本質は変わっていないと私は思っています。知識や技術があるだけでは人はついてきません。営業トークがうまいから相手が信用してくれるわけでもありません。他人を惹きつけ、動かすのはその人の人格なのです。

研修の視点でいえば、テクニカルスキルは自社で修得できます。パソコンを使い、営業をしていくなかで、自然と磨かれていくものでもあります。しかし、人格はなかなか育ちません。社外の人と話して多様な考え方に触れたり、時代の流れを読み解く感性を磨いたりする必要があり、その機会として外部業者による研修があるのです。

自律心と良心を磨く研修で社員の成長を加速する

指示をやめることによって自分で考える機会を提供し、相手を認めることによって自分なりの方法を実践できる環境ができれば、社員は自律します。これは子育ても同じで、こまごまとなんでもかんでも指示する家庭では、親の言いなりになって動くことしかできず、自分で考えて行動することが苦手な子どもが育ちます。子どもに対して否定ばかりする家庭では、親の顔色を見て行動する子どもが育ちます。子どもが自由に発想し、伸び伸びと育つには、それらの状態を変える必要があるのです。

ただ、そこで考えなければならないのが、やっていいことと悪いことがあるという点です。自律を促すためになんでもやってよしとすると、それをはき違える人もいます。わがままを通そうとする人、他人を蹴り落としてでも自分が得をすればいいと考える人、さらにはごまかし、横領、いじめといった問題を起こす人などが現れます。自分が正しいと思うことをやっていい、それが自律だという考えを免罪符にして、やりたい放題になるのです。そこまでいかなくても、ラクをしたいとか、面倒なことはやりたくないという怠け心は誰にでもあるものです。自律して自由にやってよしとなることによって、その意識が出やすくなります。

それを制するのが、人格を高める2つ目の要素である良心です。自律心を促すとともに、その一方で良心を育てることによって、人として正しいことを自発的にできる人、つまり人格者に成長していくことができるのです。

「人のため」と考える意識を育てる

そもそも日本人は真面目な国民性ですし、外国と比べて個人主義より全体主義で考える人が多いため、良心のレベルは高いと感じます。海外のニュースで見るような略奪や暴動が起きないのも、電車に乗るときや物を買うときにきちんと列をつくって並ぶのも、善悪を正しく判断する良心があり、当たり前のことが普通にできるからだと思います。ただ、その点で1つ足りないのが、人のためという意識です。これも良心を育てるうえで重要なポイントです。

日々、真面目に働いている人たちのほとんどは、自分や家族の生活のために働いています。働く目的を聞いた内閣府の「世論調査（2019年）」を見ても、お金のため、生きがいを見つけるため、自分の才能や能力を発揮するためなど、自分主体の目的をもって働いている人が約8割です。もちろん、それも大事です。仕事は生活の糧であり、自己実現の場という側面もあります。ただ、一方には社会の一員としての務めを果たすと答えている人もいます。世の中のため、未来のため、どこかで困っているかもしれない人のためと考えて仕事に取り組んでいる人です。

未来を想像したり、会ったこともない人が喜ぶ姿を想像したりするのは難しくもあります。人はどうしても近視眼的になり、給料が増えたり、家族が喜んだりしたときにうれしさを感じます。しかし、そのような個人的な喜びだけにとどまらず、人のためという視点が加わることでさらにモチベーションが高まりやすくなります。歴史を振り返っても、西郷さんをはじめ偉人といわれる人たちは、世の中を良くしよう、未来を良くしようという意識で大きな挑戦をしてきました。これは人格者の共通点の1つで、日々の仕事や生活のなかで自分以外の人を意識して、人のために動く、世の中の役に立つという考えをもつことが大事なのです。

例えば欧米では、事業で大成功した人などが多額の寄付をするのは当たり前のようにとらえられています。その背景には、幼い頃から日曜礼拝などで他者を愛することや他者に与えることの大切さを学んできた宗教観の影響があることは無視できません。しかし、宗教や信仰との接点が薄い日本人が他者のためという意識をもちづらいかというと、そんなことはないはずです。幼稚園でも学校でも、利他的な道徳教育は直接的・間接的になされてきており、人のためという意識の基礎は築かれていると思います。ただ、教育機会から離れ社会に出て時間が経つうちに、意識が薄れてしまっているだけなのです。

研修は外の世界を知る機会

良心の学び直しも研修の役目です。人のためという意識がなぜ大事なのかが分かれば、良心が育ちます。お金のためと思って取り組んでいた仕事に対しても見方が変わり、自分にとっての仕事の位置づけが変わります。

そもそも、人は誰かに喜ばれるとうれしく感じるものです。そのことは経験を通じて誰もが分かっているはずです。喜んでもらう、相手が笑顔になる、ありがとうと言われるといったうれしさを実感することによってモチベーションが高まり、成果も出やすくなるのです。

そのための一歩目は、社会の変化などについて知り、近視眼的になっている視野を広げることです。職場に閉じこもって日々の仕事と向き合っているだけではなかなか視野が広がりませんが、研修を通すことで、外部の研修業者の人と意見交換するなどして見識を広げることもできます。職場の外の世界と接することで、自分が知らなかった世界が広がっていることが分かるのです。

また、外の世界に目を向けることで、自分の仕事が誰にどんなふうに役立っているのかも想像しやすくなります。「百聞は一見にしかず」で、普段の仕事の光景とは違う世界を見ることが、世の中に目を向け、他人を意識し、良心を育て、人格者となっていくきっかけになるのです。

周りを幸せにする人格者への道のり

百聞は一見にしかずという有名な言葉には、続きの文章があります。

百聞不如一見
百見不如一考
百考不如一行
百行不如一果
百果不如一幸
百幸不如一皇

2行目は「百見は一考にしかず」で、100回見るよりも1回自分でしっかり考えるほうがいいという意味です。ただ見るだけでなく、目の前の事象について背景や原因や解決策などを考えながら見ることが大事ということです。

3行目は「百考は一行にしかず」で、100回考えるよりも1回行動してみたほうがいいという意味です。何事においても、やってみてわかることがあります。リスクやリターンをいろいろと考えるだけでは実態としては前に進みません。それなら、まずは行動してみたほうがいいというわけです。

４行目は「百行は一果にしかず」です。これは、１００回行動するよりも1回成果を出すことのほうが大事という意味です。行動することは大事ですが、成果が出るとさらに行動するモチベーションが高まります。行動して満足するのではなく、成果にこだわるという意味もあり、これは成果が報酬につながる社会人にとっても大事なポイントだと思います。

５行目の「百果は一幸にしかず」は、１００回成果を出すよりも1回幸せを実感することが大事という意味です。成果が出ても、それをうれしく感じなければモチベーションは高まりません。自分にとって望ましい成果が出れば、次の挑戦意欲が湧きます。

最後の「百幸は一皇にしかず」は、１００回幸せを感じるより1回誰かの役に立つことのほうが大事という意味です。自分の幸せは自分1人だけのものですが、世の中の役に立てば１００人、1万人の幸せを生むことができます。周りの人たちが喜んでいる様子を見たり、大勢に感謝されたりすることによって、もっと役に立とうという気持ちも高まります。

「一皇」の実現は、まさに人格者の領域です。「皇」は皇帝や天皇などに用いられる漢字で、つまり王のようなリーダーを表します。立派な王が民のことを第一に考え、優れたリーダーが周りを幸せにするように、自分のためだけではなく人のためと考えることが大事ということです。

このような展開を踏まえると、研修が重要である理由も分かります。研修は最終的には皇の領域を目的とする長期的で高貴な学びです。また、そのためには自分が知らないことを学び、知らない人と接する「百聞不如一見」(百聞は一見にしかず)がスタートであり、最初の一歩でもあることも分かります。

研修を通じて職場の雰囲気をよくする

研修によって人格者が増えれば、離職率も下がり、転職を考える社員も減ります。一緒に働きたいと思わせてくれる人格者が、周囲の社員の離職や転職を防ぐのです。

入社3年以内に辞める新卒者が多いことを嘆くのであれば、研修を通じて社内に人格者を増やし、職場の雰囲気をよくしていくことが一層大事です。

研修をしない限り社内に人格者は増えず、企業の魅力も高まらないからです。その状態では入社3年以内に辞める新卒者は、いつまで経っても減りません。どうせ辞めるから研修しないと考えるのではなく、辞めないようにするために研修をするという考えに変える必要があります。

そもそもすぐに辞める原因は、彼らが仕事についていけないからではなく、社風になじめなかったからでもありません。やりがいや成長の可能性が感じられず、いわば見切りをつけられているのです。その状態を変えるには、まずは1人でもいいので社内に人格者をつくらなければなりません。社風も業績も将来性もいまいちであっても、あの上司がいるならもう少し近くで頑張ってみたい、あの先輩の近くでもう少し一緒にやっていきたいと思わせることができたときに、新人の離職率が下がり始めるのです。

また、新卒者が3年以内に辞めるという点でもう1つ押さえておきたいのは、今どきの若者はムダを嫌い、効率を重視する傾向が強くなっているため、3年も待ってくれないということがあります。『若者はなぜ3年で辞めるのか?年功序列が奪う日本の未来』（光文社新書　城　繁幸著）という本が注目されたのは2006年で、その当時は3年待ってくれました。今はその期間が短くなり、「この会社にいても意味がない」と判断した人は1年で辞めていきます。

経営者や管理職は、3年くらいいれば会社の魅力が分かるだろうと考えています。3年経てば仕事を覚え、楽しさが実感できるようになったり、後輩ができたりして辞める人が減るだろうと期待します。しかし、その状態になる前に彼らは辞めます。タイパ（タイム・パフォーマンス）という言葉が生まれ、映画を早送りで観る若者が増えていることからも分かるように、彼らは時間を重視する世代であり、じっくり会社の魅力を見つけ出そうなどとは考えてくれないのです。

SNSの発達で職場環境の情報は外部に筒抜けになっている

転職などによる人の流出については、SNSの普及によって各企業の内情が世の中に筒抜けになっていることも重要なポイントです。転職を検討する人は興味がある企業のホームページや採用サイトの情報を見ますが、さらにSNSも重視します。実際に勤めている人や辞めた人などの意見を参考にしながら、良さそうな会社かどうか、ブラックではないかといった評価をするのです。

かつてはそのような情報収集ができませんでした。入社した人はその会社の内側だけを見て、上司や仕事にそれぞれ不平を感じながらもそういうものだと考え、ブラックやブラック未満のグレーな環境でも受け入れて働いていました。社外からの評価を知る情報手段がなければ、それが普通だと思い、適応していくしかありません。そのせいで成長の機会も失っていたのです。

しかし、今は他社の状況が簡単に分かります。自分の勤め先がブラック企業であることが分かればホワイトな企業に転職しようと考えますし、ホワイト企業であればブラック企業から転職希望者が集まってきます。ＳＮＳの普及によって、いい企業には人が集まり、悪い企業からは人が出ていく二極化が起きているわけです。

ＳＮＳで入手できる情報は多様で、給料や休日といった労働環境に関する情報だけでなく、社内の雰囲気も伝わります。マイナス面としては、ＳＮＳがないクローズな環境では世の中にばれなかったことが、今はすべて流出します。反対に、研修で人格者を増やしている企業であれば、いい上司がいる、チームで楽しく仕事をしている、仕事にやりがいを感じているといった情報が伝わることで興味をもつ人を増やせます。経営者としては、この影響力を無視することはできません。社風や社内の雰囲気が良ければ、それが人を集める情報となり、人手不足の解消や優秀な人を採用するきっかけになります。

私の会社にも、ＳＮＳの情報を見て入社した社員がいます。私や社員たちのフェイスブックを見て、楽しそうに仕事をしていると感じ、この会社で働きたいと思ったと言っていました。収入面で見ると、彼の前職は役所だったこともあって、正直にいって給料は下がります。福利厚生などの面でも役所にはかないません。しかし、職場の雰囲気が良ければ、それが会社の魅力として世の中に伝わり、人が来るのです。これは中小企業にとって大きなチャンスです。採用サイトなどを使って人を集めることも大事ですが、そのためのコストを使わなくても、人材を育て、社員が充実して働ける環境をつくっていくことで、一緒に働く仲間を集めることができるのです。

採用や転職では、社員の紹介を通じて入社するリファラル採用が信頼度が高いといわれます。企業としては、社員の友人や知人というつながりがあるため、まったく知らない人よりも信用できます。入社する側としても友人や知人が実際に勤めていますので、実情を聞くことができ、納得したうえで入社できます。ここで重要なのは入社する人と企業のそれぞれに関する情報の信頼性が高いということです。この点で、ＳＮＳには似た要素があります。

企業のホームページや採用サイトは自社の良いところをアピールするため、必然的に良い情報だけに偏ります。その情報が本当かどうかも分かりません。インターネット上にある情報の信憑性については、ある程度疑ってかかれというのが現代社会ではすでに暗黙の了解となっていますので、これらサイトの情報を鵜呑みにする人はあまりいないわけです。

一方、ＳＮＳの情報は損得勘定の働きにくい個人の意見であり、その分信頼性がありますます。ＳＮＳ時代は嘘がつけない時代であり、透明性の時代です。この環境で企業の評価を高めていくためには、ＳＮＳで広がっていく「素」の姿を良くするしかないのです。

独立できるくらい優秀な人を社内に残せる

人材の流出に関しては、他社に転職する人のほかに、独立しようとする人もいます。また、最近は早期退職して悠々自適に暮らすＦＩＲＥ（Financial Independence, Retire Early）という言葉が流行り、若い人たちの間ではＦＩＲＥを目標にする人も増えました。独立もＦＩＲＥも基本的には優秀な人でなければ難しいものですから、企業としてはそういう人材を社内につなぎ止めることも人事戦略の大きな課題といえます。

これは企業にとってジレンマです。企業は社員に優秀になってほしいと思っています。優秀な人が増えるほど業績が上がり、彼らを見習ったり、彼らに指導を受けたりすることでさらに優秀な人が育ちやすくなることを期待します。

ただ、自律して仕事ができるようになるほど自分で事業を始めることを考えがちです。独立のために会社を辞めて独立されてしまうと業績が下がる要因となるため、独り立ちできるくらい良心と自律心を伸ばしてほしい反面、独り立ちはしないでほしいというジレンマが生まれるのです。

以前に比べて、優秀な人が独立しやすい環境も整っています。昔は簡単には独立できませんでした。世間一般のイメージとしても、独立・起業は不安定と考える人が多く、企業に所属しているほうが安全だと思う人が多かったのです。

しかし、働き方が多様化し自分らしさが重視される時代になったことで、フリーランスや起業のイメージが変わりました。楽しく働き、会社員よりもたくさん稼いでいる人が多いことも周知の事実になってきました。社会的信用という点でも、大企業がフリーランサーを使ったり起業したてのベンチャー企業と仕事をしたりする機会が増えていますし、昔は信用がないと広告が出せませんでしたが、今ではYouTubeなどを使って仕事や取引先の幅を広げることができます。この傾向はこの先も続き、かつては企業にとどまっていた優秀な人もこれからは独立を考えるようになっていくはずです。

それだけの能力と機会がある人をつなぎ止めるには、人と人のつながりを強くするしかありません。仲が良く一緒にいて楽しいといったつながりではなく、独立して1人で仕事をスタートするよりもこの上司から学べることに価値がある、この同僚と一緒に大きな仕事をしたいという強いつながりが必要です。つながりがあっても、独立する人は独立します。それは仕方がありません。ただ、独立して自由に働くことと、仲間と一緒に働くことに同じくらいの価値を感じている人もいますし、そういうタイプはつなぎ止めることができます。

私自身も当初は1人で事業をスタートしましたが、当時から一緒に取り組み、成果を得た喜びを共有できる仲間が欲しいと思っていました。仲間を集める側の経営者と仲間とともに仕事をする社員とでは多少立場は違いますが、人に魅力を感じることで働き方が変わるという点は同じです。仲間がいることによってお互いが学び、成長することもできますし、1人ではできない規模の仕事でも仲間と一緒であればできるようになります。

ここも人格者の話に通じますし、この場合の人格者は経営者自身も含みます。独立すれば自由に働くことができ、収入も増えるだろうと分かっていながら、それでも企業の一員として経営者、上司、後輩たちと一緒に仕事をしたいと思ってもらうために、経営者をはじめとする社員たちが魅力ある人格者になる必要があるのです。

特に、現代の若い世代は「石の上にも3年」ではなく「石の上には3カ月」という考え方をもっています。石の上に3年もいるのは時間の無駄であり、3カ月もいれば十分であるという感覚です。会社や上司が魅力的でないと判断されれば、苦労して人材を獲得してもすぐに流出してしまうことになります。

待遇を良くするだけでは不十分

優秀な人が辞めるという点では、世の中の変化としてヘッドハンティングが増えていることも踏まえておく必要があります。優秀な人には外部から引き抜きの声が掛かります。

優秀な社員が引き抜かれないようにするには、給料や待遇が良いといった引き抜きの条件に勝るくらい、企業の魅力を高めてつなぎ止められる環境をつくらなければなりません。

特に今はグローバルの時代で、世界が狭くなっています。インターネットとテレワークを活用すれば住んでいる場所を問わずに仕事ができます。私の知り合いに優秀な女性がいて、日本に在住しながらイギリスの企業に勤めています。普段の仕事はテレワークで行い、3カ月に1回くらいのペースでシンガポールに行ってアジア部門の会議に出ています。一昔前では考えられないことですが、現代において極めてまれな例だというわけではありません。このように働き方の多様化が急速に進んでいることを考えれば、地域も職種も現在働いている会社の規模も関係なく、優秀な人材にはヘッドハンティングのプロたちがコンタクトを取ってくる可能性があるのです。

優秀な人ほど企業の待遇は良くなります。たくさん給料を払い、働き方の自由度も高めて、その人の能力を欲しいと思います。外資系企業はその傾向が強く、日本企業の何倍もの給料を払うケースもあります。人の獲得と確保は、これまでは日本国内の同業他社が競合でした。しかし、今は世界中の企業が競合です。世界は広く、いい企業がたくさんあります。そのような企業から声が掛かる人を社内に残すための施策が必要ですし、逆にいえば、競合からヘッドハンティングの声が掛かる人や、海外でも十分に活躍できる能力がある人を社内に引き留めることができれば、その企業は世界と戦えるくらい強い企業になるということです。

しかし、現実的な問題として給料を上げるには限界があります。給料や待遇といった外発的な要素に頼らずに彼らをつなぎ止めるには、内発的な動機付けとして、仕事のやりがいを高めたり、この人と一緒に仕事をしたいといった思いを高めるほかにないのです。

時代が変わっても人の価値は変わらない

研修は、企業としては人の成長を通じて業績向上に結び付けることが大きな目的といえます。また、今後の経営で大きな課題となる人手不足の解消にもつながります。社内に人格者を増やし、魅力的な企業に変わることができれば、辞める人が減り、入社してくる人が増えます。独立したり引き抜かれたりする人も減り、優秀な人が集まる組織に変わっていけるのです。このように、優秀な働き手の確保に着目して企業の魅力を高め、発信していくことをエンプロイヤー・ブランディングといいます。つまり、働き手の視点から見た勤め先としての企業の価値を高め、人の確保と定着を図るということで、人格者の育成や研修に力を入れることによって自律心と良心を育てる仕組みをつくることは、企業の価値向上につながる重要な取り組みになるのです。

社員の視点から見ると、ヒューマンスキルを身につけることで複雑化する社会を生き抜いていくためのキャリアを形成する力を得ることができます。ヒューマンスキルは、広義にとらえれば人として生きていくためのスキルです。また、キャリアという言葉は採用や転職の市場では仕事に役立つ技術の習得や転職を通じたステップアップという意味で使われますが、その本当の意味は生き方です。

20年前と現在の社会ではキャリア形成の方法が大きく変わりました。かつての社会では受験勉強を頑張り、大きな企業に入ることがキャリア形成の王道でした。仕事が安定し、年齢とともに収入も増えるため人生も充実しました。家を買って子どもを育てて老後は年金と貯蓄で暮らすといった1億総中流的な人生が実現できたため、受験勉強を頑張ることや大企業に入ることがキャリア形成において正解だったわけです。

【図表5】社員研修を通じたエンプロイヤー・ブランディング

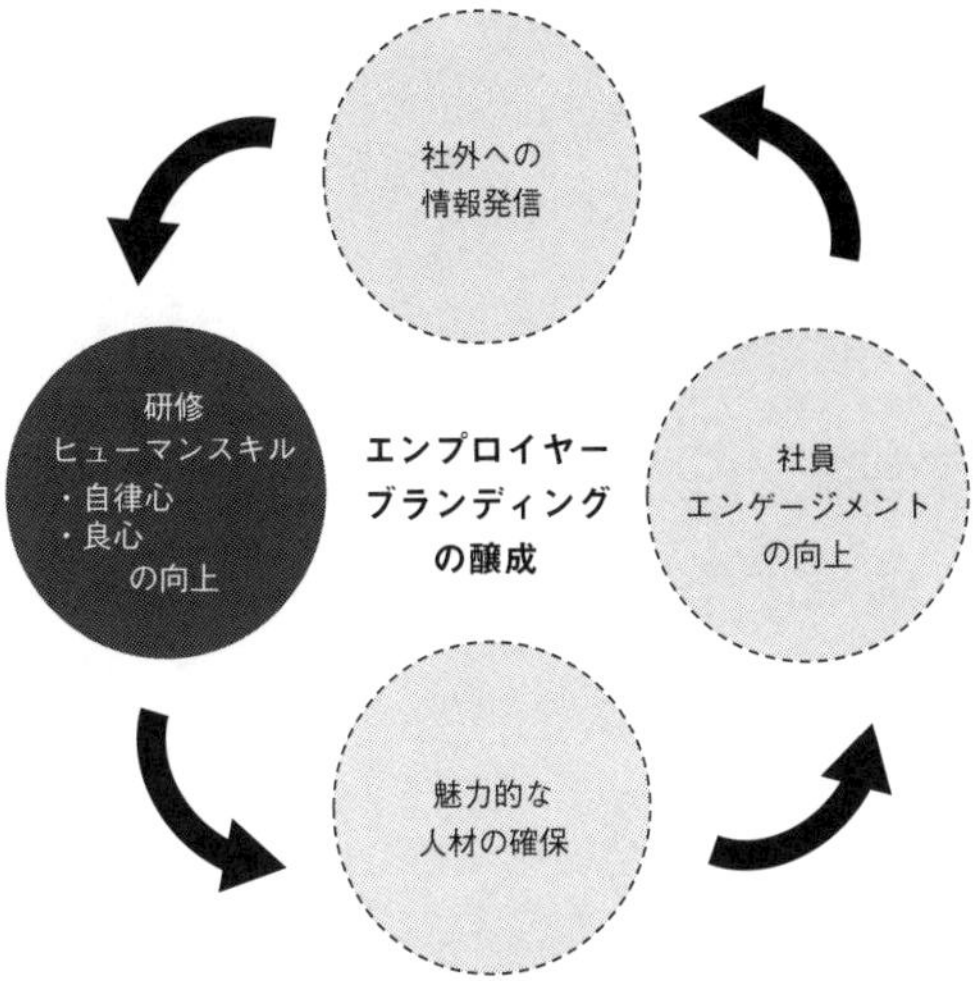

今もその方法が通用しなくなったわけではありませんが、もはや過去の話になりつつあります。バブル経済の崩壊後に社会に出た人から見ると、日本は先進国で裕福な国ですが、発展している国ではなく、成長力という点で世界からの注目度も高くありません。世界が注目しているのはアジアやアフリカの発展途上国であり、それらの国と比べると、日本はすでに「衰退途上国」になっています。

この状態ではたとえ大企業に入れたとしても豊かな人生を送れるとは限りません。日本経済そのものが縮小していけば仕事の数が減りますし、企業で必要とされる人の数も減ります。良いキャリアをつくっていくためには、この変化を生き抜いていくためのスキルが必要です。そもそも企業の組織図はピラミッド型ですので、上の役職につくためには椅子取りゲームを勝ち残っていく必要があります。

また、世の中は常に変わり、変化のスピードも速いため、この先になにが待っているか分かりません。今の時代に重宝されているスキルが10年後には社会で不要とされている可能性もありますし、特定の分野でスペシャリストを目指し、スキルを磨き続けたとしても、20年後にはその仕事そのものがなくなっていたり、ＡＩによって代替されていたりするかもしれません。

そう考えると、不確実性が高い社会を生き抜いていくためにはテクニカルスキルを表面的に学ぶだけでなく、ヒューマンスキル研修を通じて良心と自律心を育て、人格者に成長していく必要があります。時代の流れによって求められる能力が変化したとしても、人格者であれば周りに人や仕事が集まります。人格者はどの企業にも必要ですし、良心と自律心をもつ人は世界でも通用するはずだからです。

社員としては、そのような普遍的なスキルを身につけられる企業は魅力的に感じます。

魅力が伝われば人が集まり、残るようになります。研修などを通じて社員のヒューマンスキルを高め、中長期で良いキャリアをつくれるようにすることで、企業も人に関する課題が解消でき、寿命が長くなるのです。

キャリアの選択肢が増えると社員の幸福度は高まる

社員のキャリア形成を支えるのは企業の責任であり、研修を行う意義の1つです。その責任を果たすから、社員も企業のために頑張ろうという気持ちになります。そのために企業ができることとして、社員の選択肢を増やすことが挙げられます。目先の限定された技術だけに習熟するのではなく、時代や状況が変わったときには、身につけたものをそれに合わせて組み直し、伸ばしていけるという状態に育成できれば、社員のキャリアは自由度の高い良いものになります。

例えば、今は管理職になりたくないと思っている人が、5年後には管理職になりたいと思っているかもしれません。営業だけをやりたいと思っている人が製造の現場に興味をもつようになったり、都内でバリバリ働きたいと思っている人が田舎でゆっくりと働きたいと思うようになったりする可能性もあります。大事なのは、そのような変化が起きても自分でキャリアを組み立て直し、軌道修正できるようになることであり、その土台となるのが自律心と良心です。自律心がある人はやってみたい仕事や挑戦したいことに主体的に取り組めますし、良心がある人は人気がありますから周りがサポートしてくれます。そのような人づくりをすることがヒューマンスキル研修の目的であり、人に支えられている企業が果たす責任なのです。

自由にキャリアをつくれるようになれば人生の幸福度も高まります。私が常に思っているのは、人は皆幸せになるために生まれているということです。そして、自分のキャリアに対する納得感が高いほど人は幸せになれます。誰かに決められた道を進むよりも、たくさんの選択肢から自分が進みたい道を選ぶほうが納得感は高くなります。自分が選んだ道で失敗したり後悔したりすることがあっても、自分で選んだのだからと納得できます。逆に、選択肢が少なかったり、誰かに進む道を決められて自分で選択できなかったりすると不満が残ります。本当はあれがやりたかった、あっちの道に進みたかったといった不満が生まれ、自分のキャリアの納得感が下がり、幸せが遠のいていくのです。

［第3章］

人材育成・能力アップ・管理職マネジメント――受けさせる目的を明確化して「研修テーマ」を選択する

研修対象者・目的に合わせて研修テーマを考える

研修のテーマは多岐にわたります。社員の成長と企業の発展のために役に立つスキルもたくさん身につけられます。ただ、育成に使えるお金も時間も有限ですので、手当たり次第に研修をするわけにはいきません。経営者と研修の担当者にとって重要なのは、社内に人格者が増え、社員一人ひとりが能力を発揮できる企業に変わっていくために、優先順位をつけて最も効果的な研修を実行していくことです。結論からいえば、会社にとっていちばん成果が出る研修は管理職向けの研修です。管理職がリーダーシップを学び、人を育てるマネジメントを理解することで、本人はもちろん、現場の社員も変わります。また、法律の面では女性活躍推進法とハラスメント対策関連法がありますので、女性向けの研修とハラスメント抑止の研修も優先順位が高くなります。

研修を行っている企業の実態としても、管理職研修に力を入れている企業は多いといえます。一方で新人研修も多く行われています。逆に企業があまり力を入れていないのは、女性活躍のための研修やセカンドキャリア関連の研修です。経営者の考えとしては、売上への貢献度合いが低い女性や定年が近い人たちのためにお金を使うのであれば、稼ぎ頭である管理職やリーダー層、これから稼ぎ頭になる若い人にお金を使いたいという気持ちがあると見て取れます。

研修内容は企業規模による差もあります。大手や中堅以上の企業は、ほぼ間違いなく管理職研修を行っています。大手になるほど女性研修やセカンドキャリア研修の実施率も高くなります。一方、中小企業ではお金や時間がないという事情から外部の研修業者を使っていないところが多く、零細企業は管理職研修を行わず、新人研修も社内のOJTで済ませているところがあります。これは中小企業や零細企業にとってはチャンスです。同規模の競合が研修による人づくりをしていないため、ヒューマンスキル研修に力を入れることで他社よりも頭一つ抜け出ることが可能です。もちろん、その際には会社と社員の課題を踏まえて、効果がある研修を選ぶことが重要です。経営者も担当者も研修を受ける社員も、それぞれが研修の目的を明確に理解することで効果は大きく変わるものなのです。

管理職研修の狙いは人格を高めること

研修のテーマについて、まず管理職向けの研修について考えてみます。管理職向けの研修は、内容としてはリーダーシップの理解、マネジメント力の強化、コミュニケーションスキルの上達などがありますが、突き詰めていえば、自分の部署を自走する部署にまとめられる人格者に育てることが目的です。管理職は各部門の責任者で、現場で働く社員に対して大きな影響力をもっています。部署としての売上を伸ばしていくことはもちろんのこと、メンバーや後輩の育成、彼らが気持ちよく働ける職場づくり、人を集め、辞めないようにすることなども管理職の手腕と質にかかっています。

例えば、上司が人格者である場合、メンバーは自分には不十分なところがあると自覚しますので、主体的に勉強します。その積み重ねによってさらに能力が高まります。また、人格者は人の意見を謙虚な姿勢で聞くことができます。知識や経験が浅い新人の意見だったとしても、頭ごなしに否定することはせずに、自分にはなかった発想を聞けたという姿勢を示すことができます。

【図表6】 管理職への研修が最も成果が上がりやすい

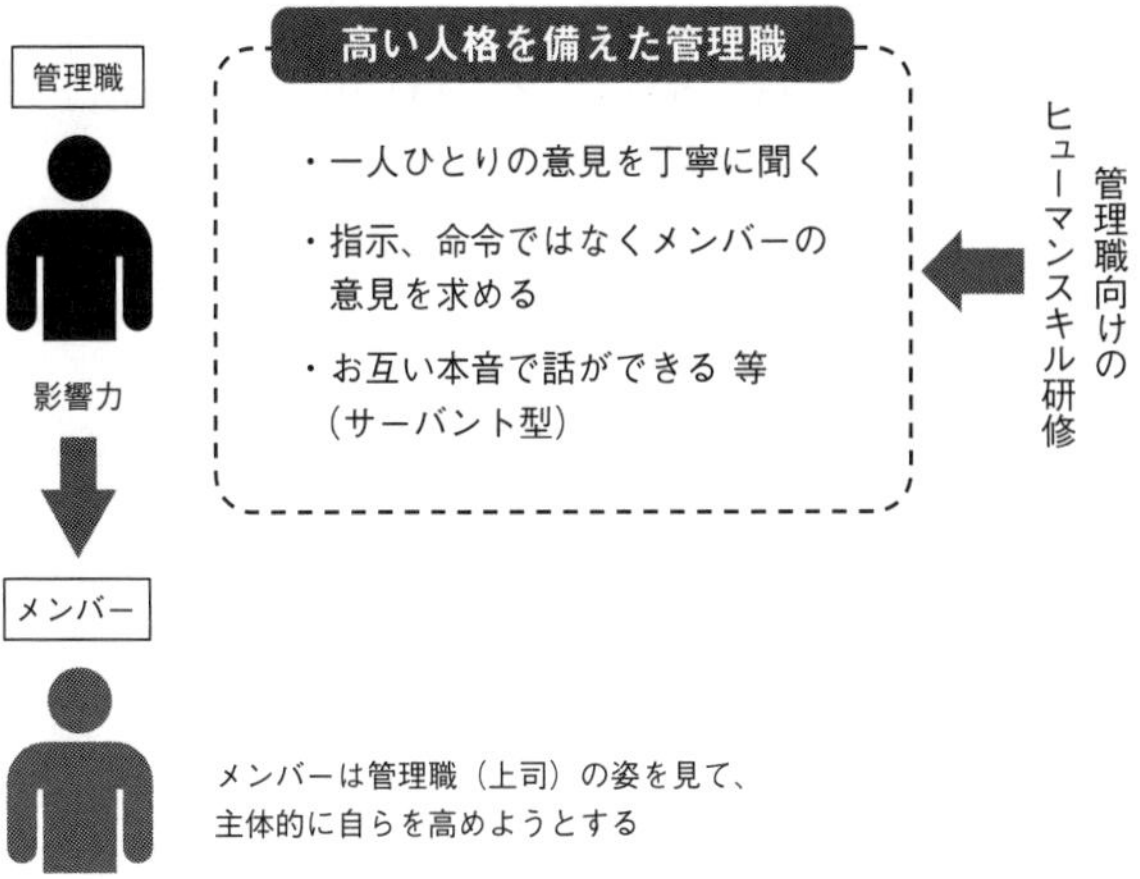
管理職
影響力
メンバー
高い人格を備えた管理職
・一人ひとりの意見を丁寧に聞く
・指示、命令ではなくメンバーの意見を求める
・お互い本音で話ができる 等
（サーバント型）
管理職向けのヒューマンスキル研修
メンバーは管理職（上司）の姿を見て、
主体的に自らを高めようとする

褒められたり認められたりすれば誰でもうれしく感じるものです。そういうタイプのリーダーは人もついていきますし、手本にします。逆に、自分が偉い、自分の意見だけが正しいと思っているタイプの管理職についていきたいと思う人はいません。新人を馬鹿にしたり、いびったり、パワハラ（パワーハラスメント）によって押さえつけたりしようとするのもこのタイプで、突き詰めていえば人格が育っていないから周りに認められるような上司になれないのです。

実際、研修などで管理職の人たちを見比べてみても、業績が良い企業や社内の雰囲気が良い企業には人格のレベルが高い上司が多いと気づきます。新人でもパートでも相手の立場に関係なく一人ひとりの意見を丁寧に聞いて、参考になったと感謝を伝えます。自分の話をしっかり聞いてもらって評価が得られれば、誰でも頑張る気持ちになります。しかも、小手先のコミュニケーションで会話しているのではなく本心で意見を求め、感謝しているのが相手にもちゃんと伝わっていればなおさらです。

こういう上司が1人いるだけで部署全体が元気になるのです。上司の姿勢を手本にする人が増え、真摯に仕事に取り組む部署になり、コンプライアンス違反になるような不正や不祥事も起きにくくなるのです。ルールの遵守を強要し不正を禁じて上から押さえつけても、こういうチームはつくれません。メンバーは上司の鑑《かがみ》であり、上司が人格者だからこそメンバーの人格も高くなるのです。

ヒューマンスキルという観点から見た上司の役目は、自分もこうなりたい、この人と一緒に仕事がしたいと思わせるような上司になるということです。この仕事はこうやる、こういうふうに営業するといったことを教えるのではなくて、自律心と良心をもって仕事、取引先や顧客、同僚との向き合い方を身をもって教えることが重要で、それを学ぶのが管理職研修なのです。

気合と根性の意識を変えていく

管理職研修は、時代や環境の変化に応じて自らを変化させていく重要性を知ってもらうことも目的の一つです。管理職は各部門の責任者で影響力も大きいため、管理職が変わらなければ部署全体も時代の変化に取り残されます。また、管理職は職歴が長い人が多く、同じような仕事を繰り返してきました。仕事の内容や職場環境は時代に合わせて少しずつ変化しているはずですが、ずっと同じ仕事をしている人にとっては「アハ体験」（一部の色や形が徐々に変化する絵）のように微妙な変化に気づけません。気づかないうちに時代が求めるやり方と自分が続けてきたやり方のずれが大きくなり、時代錯誤な指導をするようになってしまうのです。

例えば、気合と根性だけでなんとかなると考えているような昔の部活のノリがいまだにある企業は時代に取り残されている企業の典型です。昔の部活は、夏の日の厳しい練習でも水を飲むのは甘えだとされていました。上下関係が絶対で、後輩を褒めるのも支援するのも甘やかしであるといった非常識な考えであったのです。

今はその考えが180度変わっています。甲子園などを見ても、順調に勝ち進むチームは上下関係がなく、監督、コーチ、選手たちが同じ目線に立って意見を出し合っています。監督の指示に従うのではなく、選手が主体的に考え、その考えを監督たちが支えるサーバント型のチームが増えていますし、理不尽で強引な指導者は五輪選手のコーチでもパワハラで訴えられます。

企業も変わらなければなりません。職歴の長さと役職を振りかざし気合と根性を押し付けているようでは、いつまで経っても人は育たず、時代錯誤の企業だと思われて人が離れていくのです。

ベテラン指導は外部の研修業者に依頼する

頑固なベテランは企業にとって重荷です。企業としては、彼らに変わってほしいと思いつつも、変える術《すべ》が分からないまま放置しているのが実態です。企業が新人や若いリーダー層向けの研修に力を入れたいと考えるのもそこに理由があります。頭が固く、研修しても右から左に抜けてしまうベテランより、柔軟に吸収する若い人のほうが投資する効果が大きいと分かっているわけです。

制度の面では、最近は役職定年を導入する企業が増えています。役職定年の年齢も徐々に低くなり、なかには45歳で役職定年になる企業もあります。これも頑固なベテラン対策の1つです。彼らがもっている権限などを若くてやる気がある人に移し、会社の活性化と若返りを図ろうと考えているわけです。

実際のところ、これは効果があります。バブル経済の頃のように企業の事業領域が拡大していた頃と違い、今は企業の規模や事業領域が伸び悩んでいるか縮小しています。若い人が成長してもピラミッドの上のほうに頑固なベテラン勢が陣取っていますので彼らが定年になるまではポジションが空きません。成果を出しても努力しても上のポジションに上がれない閉塞した組織からは若くて優秀な人が逃げ出していきます。それを防ぐためにはベテランからの権限委譲を行って、ポジションを空けることが効果的なのです。

そこは外部業者による研修が効果を生み出せる領域です。外部の変化に鈍感な管理職にとって、こういった研修は外部の変化について知る機会になります。サーバント型のリーダーが良いチームをつくっている、時間と効率を重視する人が増えているといった変化について知ることで、自分のやり方が時代に合わなくなっていることを自分で気づくことができます。また、管理職は社内では役職者であるため、なにか間違いがあったとしてもそのことを指摘する人がほとんどいません。叱られず、注意されない環境も変化できなくなる要因で、指摘されることがないため自分が間違っていると気づくことができません。その点、外部研修は外部の人が客観的な立場で指摘します。外部からの目線で、自分の指導がメンバーのモチベーションを下げたりパワハラととらえられたりする可能性を指摘されれば、容易に無視はできず、自分のやり方を変えなければいけないのだと理解できるようになるのです。

理想的なのは、メンバーが遠慮なく指摘でき、上司である管理職が素直に間違いを修正できるような関係をつくることです。そのためには、まず管理職が素直に相手の話を聞いたり、指摘されることに感謝できたりするようになる必要があります。つまり、自分が完璧ではなく、必ずしも正しいわけではないと理解し、人格を高めるということです。すると、メンバーとの良い関係性が築け、メンバーとは遠慮せずに指摘し合えるようになります。上司とメンバーのコミュニケーションでは、敬語を使う、言い方に気をつけるといった配慮は必要です。しかし、遠慮は不要です。お互いに意見を言えるからチーム全体の質が良くなっていくのです。

また、上司は人格を高めることにより、自分のほうが偉い、経験があるといった余計なプライドと見栄を捨てることができます。知らないことを教わり、分からないことは質問するといったことが自然にできるようになりますし、若い人と同じように変化を受け入れ、変化することを楽しめるようにもなるのです。

豊かさを実現する正攻法が変わった

外部研修は、頑固に変化を避け続けることの危機感に気づかせる機会にもなります。役職定年や早期退職の勧告が増えている現状では、定年まで逃げ切る作戦が通用しづらくなっています。50代になり、あと10年だけ頑張ればいいと思っていても、役職がなくなれば収入が減ります。生活が苦しくなり、思い描いていたような豊かな老後が実現できなくなります。

その可能性に気づき、学ぶことや変わることの大切さを感じる人もいます。頑固になっていないか、変化を避けているのではないかと問いかけ、ジリ貧になっていく人生をイメージさせることで、再びやる気に火をつけることも外部研修だからこそできることの1つなのです。大げさに聞こえるかもしれませんが、役職定年や早期退職などによってベテランの人生が変わりつつある現在は、日本史でいう幕末と同じ状況だと私は思っています。

1869年、明治新政府軍は幕臣たちを北海道（蝦夷）に追い込みます。そして、幕臣たちの最後の砦であった五稜郭は砲弾攻撃を受けて落城し、武士の時代が終わります。運良く武士に生まれたという理由だけで、農民や商人から搾取し、ラクに暮らせた時代が終わったわけです。

その様子はバブル経済期の良い思い出を引きずる頑固な管理職たちと重なります。歴史は変わりませんが、管理職たちの未来は変えられます。未来は、会社員として過ごす残り10年だけでなく、その先の老後も含みます。負け戦になることが分かっているなら、武士であることへのこだわりを捨てて、新時代を生きるためのスキルを学び直さなければならないのです。かつての日本社会では、若いうちは給料が少なくても、我慢すればそのうちに給料が増えました。我慢して定年まで完走する働き方が正攻法で、実際に完走して悠々自適な老後を送っているシニア層もいます。しかし、重要なのは時代が大きく変わりつつあると認識することです。かつての正攻法が通用しなくなったことは頑固なベテランたちにとって不運ですが、時代の流れを変えることはできません。変えられるのは自分の考え方や行動ですから、そこに焦点を当てて新しい働き方に修正していくことが重要なのです。

若い人のほうが生産性を理解している

新しい働き方に変えれば、頑固な管理職は優秀な管理職に変われます。サーバント型のリーダーに変わることで人が育つようになり、チーム力も高まります。そのためには管理職は生産性、能力、モチベーションの3つの点について考え方をアップデートする必要があります。

生産性については、量をこなすことではなく効率的に成果を出すことが重要です。昔はサービス残業をしてでも会社に居残り、長く働くことで上司に気に入られました。接待と称し休日にはゴルフに付き合うことで評価が高まりました。自分の時間をどれだけ会社のために差し出せるかによって、優秀な人とそうでない人との差が生まれたのです。しかし、今は残業をしないことが良しとされる時代です。気に入られるだけでは仕事が取れず、仕事とプライベートを分けて考える世の中ですから、接待も減りましたし、テレワークの浸透もあって飲みニケーションという言葉もほぼ死語になりつつあります。この状況では、成果を得るためならどれだけ時間や労力を使ってもいいという考え方は通用しません。仕事の量ではなく質に目を向けて、最小限の労力と時間で最大の成果を出すことが求められ、それが生産性を高めることになるのです。

その点、若い人のほうがコスパやタイパの意識は高いです。私自身も、日々の仕事を通じて若い社員のほうが生産性に対する意識が高いと感じることがよくあります。例えば、私がクライアントの資料の場所を聞くと、クラウドに入っているという返事が戻ってきます。私としては資料を出力してデスクに置いてくれるとラクなのですが、そのためだけに資料を作るのは手間ですし、ほかの仕事が滞る原因になります。生産性が良くないので社長が自分でクラウド内の資料を見るのが最も効率的だというわけです。まったくそのとおりなので、納得するしかありません。私はなるべく生産性を意識するようにしていますが、それでも昭和的な発想が抜けきらないところがあります。

その点、若い社員は当たり前のように生産性が高い方法を選び、生産性が悪いと思ったら新しい方法を考えます。そのような感覚をもって日々の仕事に向き合っていかないと、私自身も新しい働き方に対応できなくなるという危機感を彼らとのやりとりを通じて感じるのです。

他社の例では、コロナ禍になって数年経ってからもリモートワークを導入していない企業があります。業種によって完全リモートが難しい企業もありますが、リモートにすることによって通勤時間が減り、電話対応などで業務が中断することも減るなど、さまざまな面で生産性が高まることが分かっています。女性は化粧をする必要がないため、その点でも時間が省けます。

これも新しい働き方の1つですが、生産性は量であるという考え方にとらわれている人はなかなか受け入れられません。営業は足を運んでナンボ、人とたくさん会うことが大事、社員同士が何度も会って意見を出し合う機会が必要といった量の理論で考えるため、そういう考えの経営者や経営陣がいる企業が時代の変化に取り残されます。なかには、新しいものは分からない、勉強するのも面倒くさいといった思考停止状態になり、従来のやり方を続けている企業もあります。

また、リモートワークで在宅勤務にするとメンバーがサボるかもしれないと考え、それが理由で導入しないケースもあります。顔が見えないと管理できない、サボる人がいると仕事が滞る可能性があると思っているわけです。これは共感する管理職が多いかもしれませんが、そもそもの原因はリモートワークではありません。上司がいなければサボるような社員であることが原因です。上司が人格者として手本を見せ、ほかの社員にも自律心と良心をもって仕事に取り組む大切さが伝わっていれば、リモートワークにしてもなんの心配もする必要がないのです。

管理職向けの研修では、リモートワークの活用法やＩＴツールの有効活用などに関するテクニカルスキル研修を行う企業がありますが、生産性の理解がない状態でそのような研修をしてもほとんど効果がありません。ＩＴは生産性を高めるための重要なツールですが、効率化することよりも泥臭く時間と労力をかけることに価値を感じている管理職は、使い方などを聞いても頭に入らず、覚えたとしても使わないのです。

能力は見抜くのではなくつけてあげるもの

能力については、昭和の働き方をしている管理職のほとんどが、能力は自助努力で身につけるものだと思っています。また、その努力と、そもそもっている能力を見抜くことが管理職の役目だとも思っています。

これも大きな誤解です。能力は見抜くものではなく、つけてあげるものだからです。能力を見抜こうと考えると、例えば、ＩＴに詳しいから部署内のＩＴを任せよう、会話がうまいから営業でうまくいくはずだといったスキルに目が向きます。しかし、それらは表面的なスキルであり、テクニカルスキル研修でいくらでも身につけることができます。人によって習得のスピードや習熟度に差は出ますが、ＩＴの講習を受ければＩＴに詳しくなりますし、営業トークのシナリオを覚えればスラスラと話せるようになるものなのです。

そう考えると、管理職の本来の役割は社員一人ひとりに対して、彼らがどうなりたいかを聴き、そのためにはどんなスキルが足りないかを把握したうえで、補うための支援をすることといえます。ITに詳しい人が、実は営業をやりたいと思っている可能性もあります。それなら営業のスキルを磨ける機会を提供したり、まずは営業職に配属したりして、OJTで学べる環境をつくることができます。社員の成長のために会社ができることは環境と機会の提供ですから、その視点で社員を支えていくことが大事なのです。

さらに重要なのは、学ぶ意欲や素直さといったヒューマンスキルに関する部分です。リモートワークにするとサボるのではないかと心配するのは、人格の面で社員のことを信用できないからです。だとしたら、サボらずに仕事をする意欲を育てなければなりません。

米国の経営学者であるジム・コリンズ著の『ビジョナリー・カンパニー』（日経BP社）には、企業をバスに例え、適切な人をバスに乗せ、不適切な人をバスから降ろすことが最初にすべきことと書かれています。また、適切な人がバスに乗り、適切な人がそれぞれふさわしい席につき、不適切な人がバスから降りれば、すばらしい場所に行く方法を決められると書かれています。これは主に経営者に向けた金言ですが、部門のリーダーである管理職にとっても重要です。ヒューマンスキルが高いメンバーが増えれば、彼らの意見を反映することによって最適な行き方が導き出せるようになります。チームとしてどこを目指すかは社会の環境の変化によって変わる可能性がありますが、どこに向かうにしても人格者がそろえば最適解が出ます。

そのために重要なのは、テクニカルスキルに長けている人を選ぶことではなく、ヒューマンスキルを育てることです。能力を見抜くこともサボるのではないかと心配することも、いずれも社員が現時点でもっている能力で判断するということです。そうではなく、現時点で足りていない能力がなんなのかを見抜き、どうなりたいのかをともに考え、必要な能力を高めるための支援をすることが管理職の役目です。その結果、誰が、どの席に座るかが決まり、バスが進んでいく道も決まるわけです。

他人のモチベーションはコントロールできない

モチベーションにも誤解があります。モチベーションは、周りの人が褒めたり評価したりすることによって上がると考える人が多いのですが、モチベーションは他人がコントロールできるものではありません。自分自身で上げ下げしているものです。

モチベーションを、上司が褒めれば上がり叱れば下がるものだと考えると、上司はメンバーを叱れなくなり、腫れ物に触るようにして甘やかすことになってしまいます。しかし、モチベーションが下がるかどうかは当人次第です。やる気を失ってモチベーションが下がる人もいますが、次はうまくやろう、見返してやろうと考えてモチベーションが上がる人もいます。つまり、上司がメンバーのモチベーションを保つために褒めようとか叱り方を工夫しようとか考えること自体がナンセンスで、上司にできることは、彼らが自分でモチベーションを上げられるようにサポートすることしかありません。

管理職研修でも、モチベーションを高めるための褒め方や指導法を教えていますが、テクニックでどうにかできる話ではありません。失敗をしても再び挑戦する意欲、どこに問題があったのかを考える力、改善策が分からないときに周りに助けを求める素直さ、人任せにせずに自分で解決する自律心などを育てることで、メンバーは自分でモチベーションを上げられるようになるのです。

雑談と相談が重要

メンバーが自分でモチベーションを高められるようにするために、上司からの働きかけとして具体的にできることはコミュニケーションです。ただし、上司とメンバーのコミュニケーションで重要とされる「報連相」には、あまり意味がありません。報告と連絡は、上司がメンバーに指示することによって発生するコミュニケーションです。出した指示に対して完了報告や進捗の連絡が必要になるのです。そこで問題なのが、指示を出し続けるほどメンバーは指示待ちの人になり、自分で考える力が低下するということです。メンバーの人格を高めるためには自律心を育てる必要があります。そのためには、上司ができるだけ指示を出さず、本人に考えさせることで、報告と連絡は要らなくなるのです。

一方で、メンバーがなにを、どうすればいいか迷うこともあり得ますから、その際の相談は必要です。また、何気ない会話が新しいアイデアなどを思いつくきっかけになったり、成長のヒントになったりすることもあるため、雑談も大事です。私は、雑談と相談の2つが大事だということを伝えるため、上司とメンバーのコミュニケーションでは、ホウ

【図表7】 リーダーシップによるコミュニケーションの違い

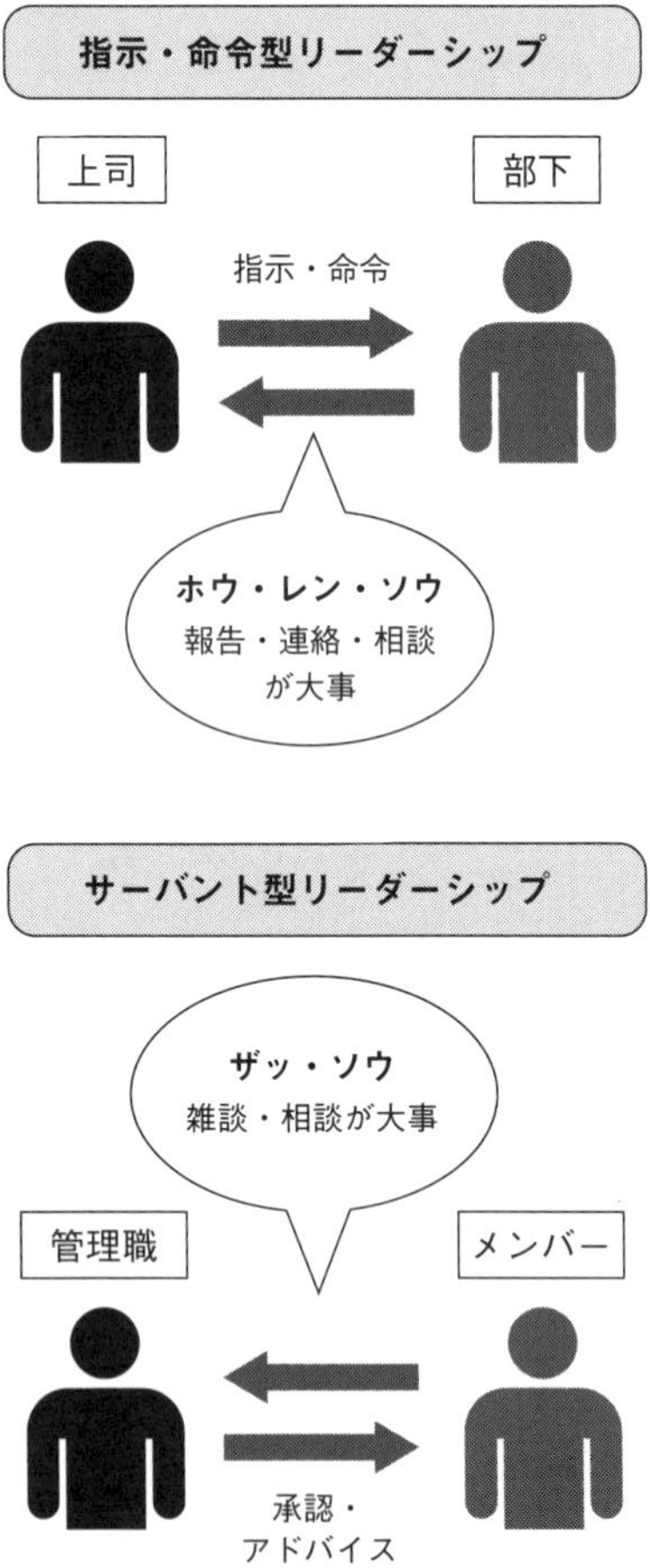

レンソウ（報連相）よりザッソウ（雑相）が大事だといっています。

指示する上司と従う部下という上下の関係性では報連相が必要ですが、上司がサーバント型でメンバーと同じ目線に立つ関係性に変われば、最適なコミュニケーションも変わるのです。

例えば、失敗したときなども、修復する方法は雑相から生まれます。失敗しました、顧客が怒っていますといった報告や連絡から始めると、上司としてはその対応を指示することになります。しかし、相談からのスタートなら、どうしたらいいか聞きやすくなります。つまり、相手に考える機会が提供できます。どうすればいいと思うか、信頼回復のためにどうしたらいいかと聞くことで、その人はその人なりのアイデアを考えます。

「もう1回、提案機会をもらうために電話してみようと思うのですが、どう思いますか?」「いいと思いますよ」「しつこいと思われますかね?」「私が相手の立場だったら気骨がある人だと感じると思います」などといったやりとりを通じて、メンバーは指示待ちの人から考える人に成長できます。指示されたとおりに動くだけだと、やらされ感が出ることがありますが、自分で考え、決めたことなら前向きに行動できますし、自然とモチベーションも高まります。上司の言葉でモチベーションを高めようとしなくても、自力でモチベーションを高めることができるようになるのです。

モチベーションは仕事に取り組むやる気であり、失敗などから自力で立ち直るためのエネルギーでもあります。そのためモチベーションが高い人が増えればチームとして前に進んでいく力が強まり、自走し始めます。

チームづくりでは自走する集団にしていくことが重要です。全員が自分で考え、自律心をもって行動できるようになれば、究極的には上司のアドバイスは不要になるのです。サーバント型のリーダーは指示も命令もしません。求められない限りアドバイスもしませんし、管理、監督もしません。一つだけやらなければならないことは、自律のためのサポートです。世間一般のイメージとして上司はメンバーに仕事を教えるというイメージがありますが、いつまでも面倒を見ることはできず、独り立ちできるようにしなければなりません。そのためにはなにをやるかを教えるのではなく、自分で考えることの重要性を教えることが大事なのです。

勉強する習慣をつくる

新入社員研修は多くの企業が行っています。ただ、これにもやはり目的が重要です。お辞儀の仕方やメールのマナーなどを学んでもあまり役に立ちません。ビジネス理論などの勉強も知識としてはあってもいいのですが、それよりも仕事に取り組む意識のもち方や勉強する意欲を高めることなど、社会人として成長していくための根底の部分を固めることが大事です。

勉強については、まず勉強する習慣を構築することが重要です。年齢や役職を問わず、常に勉強し、成長している人に共通しているのは、勉強する重要性が分かっていること、勉強が成長につながることを実感として理解していること、そして勉強する習慣がついていることです。勉強する習慣は、例えば、本を読んだり調べ物をしたり人と会って話を聞いたりするなどの方法がありますが、このような行動を面倒くさがる人は勉強できません。社会人になると日々の仕事が中心になり、勉強する機会が減ります。すると、5年、10年経ってあらためて勉強しようと思ってもやり方が分からず、集中力が途切れます。入社してから20年、30年もの間、勉強せずに過ごしてきた人を想像してみると分かります。この状態になると、まず勉強することに慣れるところからやり直さなければなりません。調べ物をしても教わってもなんのことだかさっぱり理解できません。そのせいでほとんどの人が嫌になり、勉強からさらに遠ざかります。

そうならないように新人の頃から勉強する機会を与えることが大事ですし、研修はその機会の1つになります。大手企業がいろいろな研修を用意し、自由に選択して学べる仕組みをつくっているのも、勉強する習慣を途切れさせないようにしているためです。なかには、すでに勉強する習慣が薄れている人もいます。何の目的もなく、ただ時間を浪費して大学時代を遊んで過ごした人たちです。しかし、ここへ至る過程で誰もが勉強をしてきた（させられてきた）はずであり、勉強が苦手だと感じるのは単に勉強から遠ざかっていることが原因であるに過ぎません。そのため研修によって勉強する習慣を再構築し、学ぶ楽しさ、成長を実感するうれしさを姿勢の面でも感覚的にも取り戻すことができます。

勉強する習慣という成長の根底の部分が固まると、その後の成長スピードも速くなります。子どもを例に考えると、公文で算数を習っている子どもは計算が速く、やればやるほどスピードが上がっていきます。それは計算という作業に慣れることも一因ですが、できるようになることを当人がうれしく感じ、もっと先に進もう、さらに速くできるようにしようといった意欲も湧くようになるのです。

仕事も同じで、日々の業務に関係あることでもないことでも、知る、調べる、教わる、学ぶといったことに慣れると、それが徐々に楽しく感じるようになります。そもそも人は知的好奇心がある生き物で、知らないことを知りたい、分からないことを解明したいという欲求があります。その欲求が満たされていくことで新たなことを学び、成長していくスピードも加速するのです。

自信を高めることが大事

新人研修では、彼らの自己肯定感と自己効力感を高めることも重要な目的です。自己肯定感は、ありのままの自分でいい、自分には価値があると思える感情のことです。ありのままでいいと思える人は興味があることや新しいことに前向きに挑戦できます。多少嫌なことがあっても自分には価値があると思えるため、嫌な感情になることなく自分の感情をコントロールできます。また、自分と正面から向き合うことができますので、失敗をした場合には素直に反省できます。これは人格者にも通じるもので、前向きで素直な人ほど成長しやすいという点で、成長する人の素養ともいえます。

本来、自己肯定感は本来は誰もがもっている感覚です。ただ、周りの人に否定され続けると自分には価値がないと感じるようになります。人と理不尽に比べられたり、失敗や苦手なことで蔑《さげす》まれたりすることも自己肯定感を下げる要因になります。パワハラやモラハラ（モラルハラスメント）がその一例です。上司や先輩は、そのことを踏まえたうえで新人と接することが大事ですし、それができない人が多いからこそ管理職や次世代リーダー向けのヒューマンスキル研修が必要ともいえます。

自己効力感は、自分には成果を出す力があると感じることです。例えば、過去に人前で話したり大勢の前で発表したりしてうまくいった経験がある人は、重要なプレゼンを任されたときに自分にはできると自然に思います。また、取引先がどんなことに困っているか分かっているときも、その情報を踏まえることで提案に確信をもつことができます。

分かりやすくいえば自信です。これも新人の成長では大事な要素で、自己効力感が高い

【図表8】新人研修で重視すべき要素

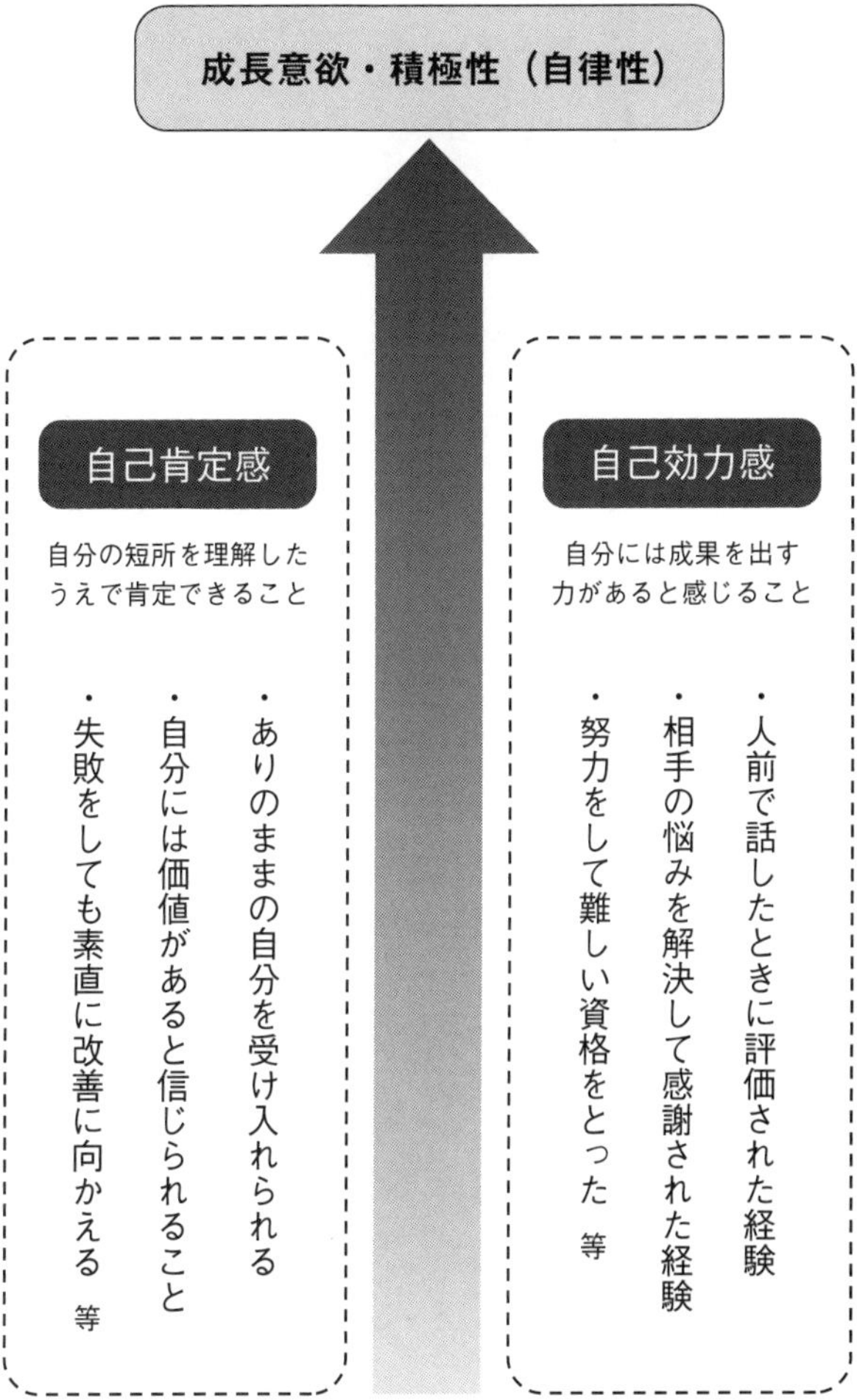
成長意欲・積極性（自律性）
自己肯定感
自分の短所を理解したうえで肯定できること
・ありのままの自分を受け入れられる
・自分には価値があると信じられること
・失敗をしても素直に改善に向かえる　等
自己効力感
自分には成果を出す力があると感じること
・人前で話したときに評価された経験
・相手の悩みを解決して感謝された経験
・努力をして難しい資格をとった　等

状態、つまり自信がある状態の人は、課題が難しそうでも積極的に挑戦できます。アイデアを出したり意見を述べたりする積極性が高まり、そのやりとりのなかで新たな発見や気づきを得ることによって成長しやすくなるのです。

自己肯定感と自己効力感がそろうと不安を感じにくくなり、感じたとしても自力で回復できるようになります。また、自分にはできると思えるため、周りの励ましや褒め言葉などがなくてもモチベーションを高めることができ、高い状態を維持できるようになります。意識が変われば行動も積極的になり、成果も出やすくなります。このサイクルをつくれる人に育てることが新人研修の大事なポイントであり、お辞儀の角度や上座や下座を覚えるといったことよりもはるかに重要なのです。

失敗は若い人の特権

研修に限らずですが、新入社員の自己肯定感と自己効力感を高めるためには、失敗していいということを伝えるのが大事です。新人は夢や希望に溢れている反面、経験不足であることを自認し、本格的な社会人生活も初めてであることから緊張しています。そのせいで萎縮してしまうと自分の意見を言ったり積極的に行動したりすることをためらってしまいます。これは非常にもったいないことです。成長するためには行動が必要で、うまくいくこと、いかないことも含めて経験になりますので、失敗を恐れないことが大事なのです。

私たちの研修でも、新人にはまず失敗していいと伝えます。失敗こそすばらしい経験になるとも伝えます。すると、ほとんどの人は驚きます。特に最近の若い世代は賢く、何事も要領よくこなす器用さももち合わせているため、私たちの世代と比べて失敗経験が少ないように感じます。そういう環境で育ってきたからこそ、失敗していいという言葉が意外に聞こえ、驚くのです。そして、失敗してもいいという安心感も生まれます。

失敗していいという理由は、それが新人の特権だからです。上司や先輩としても、経験が浅い新人が何でもそつなくこなせるとは思いません。新人の良さは、一生懸命になれること、無知であるため馬鹿なことができること、失敗したときに素直に反省できること、ベテランにはない新しい発想をもっていることです。失敗を恐れるとそれら長所が発揮できなくなります。失敗したときの気まずさ、恥ずかしさなどを恐れ、リスクを取らずに小さくまとまってしまうと新人の良さが半減してしまいます。

また実際問題として、失敗したとしても若ければ許されます。取引先を怒らせるようなことがあったとしても、ベテランの場合は契約取り消しといった大問題になるかもしれませんが、新人は素直ですからきちんと謝れますし、反省します。その姿を見れば、ほとんどの人は許してくれるはずです。その期間中になるべく多くのことに挑戦し、失敗して学ぶことが大事です。これは先輩や上司にも大事なことで、多少の失敗を大目に見るくらいの懐の広さが求められますし、新人にとって手本になるような人格者の度量をもって、失敗を認め、許し、トライ・アンド・エラーによって自分で悟るように促していくことも先輩や上司の役目といえます。

さらに、人は年を取るにつれて周りが叱ってくれなくなります。叱られることも勉強の1つですが、周りが遠慮してしまうため間違いに気づかなかったり、気づかないまま何度も間違いを繰り返してしまったりするのです。ベテランが横柄になるのも叱る人がいないからです。そうならないためにも、叱ってもらえるうちに叱ってもらい、学ぶことが大事です。

そもそも、時代の変化が大きく、しかも速く変化しているなかでは、ベテランにとっての非常識が今の社会では常識として通用してしまうようなことも起こりかねません。例えば、初見の顧客に会う場合、以前であれば先方に出向き、名刺を渡してあいさつをするのが普通でした。しかし、今はリモートで顔合わせをするケースも増えています。リモートですから名刺交換もしません。そのような変化も含めて仕事の進め方、コミュニケーションの取り方が変わっているため、ベテランから見たら非常識な言動が、案外社会では難なく受け入れられ、それが業務の効率化につながるケースもあると思うのです。

そのように伝えていけば、新人は自分のままでいいと感じますし、さまざまなことに挑戦できると感じるようになります。自己肯定感と自己効力感が高い状態を維持しながら、失敗と同じくらい成功体験を積んで、次世代のリーダーに成長していくのです。

熱心な人がかわいがられる

新人には、かわいがられる力を身につけてもらうことも大事です。かわいがられる力は、例えば、失敗しても許してもらったり、なにかに挑戦する際に背中を押してもらったりする力です。

上司や取引先は、人を好き嫌いで選ばず、ひいきせずに接しようと考えるでしょうが、人間ですのでかわいい若者にはいろいろなことを教えたいと思います。チャレンジの機会も与えようと考えます。この場合のかわいさは見た目や性格のかわいさではありません。媚《こ》びを売ることとも違います。素直な気持ちで一生懸命に取り組む姿勢です。そういう新人を周りはかわいいと思うので、新人には何事にもがむしゃらにやることの重要性を知ってもらうのが大事です。

コスパやタイパを考える若い人たちは、効率良い方法を考えようとする点は良いと思うのですが、その反面、メリットとデメリットを意識し過ぎる傾向が見られます。失敗していいという言葉が想像以上に響くのもそのせいだと思うのですが、デメリットがあることを避け、また、メリットのほうがデメリットより小さい場合には、それも避けようと考える人が多いのです。これは新人の良さを打ち消します。周りから見ても、事あるごとにメリットとデメリットを計算してから行動する新人は、あまりかわいく思われません。

重要なのは、メリットが1つでもあるなら、挑戦する意味があると思えるようになってもらうことです。メリットが1つ、デメリットが100個ある場合、ほとんどの人はその行動を避けます。しかし、行動すればメリットが1つ得られます。デメリットを気にして行動しない人は成果がゼロですので、それよりも1つの成果を得ることのほうが大事だという考え方です。しかも、メリットが1つ、デメリットが100個ある行動はほかの人はやりませんから、そこに挑戦すれば唯一無二の経験を得ることができます。

業務を画期的に変えたり、多くの人を感動させたり、世界を変えるようなイノベーションは、周りが呆れるような行動がきっかけとなって生まれるのです。新人はそういう行動ができる貴重な存在ですので、その芽を摘んではいけません。もちろん、理屈で考えればデメリットが100個もありますので周りが迷惑することもあり得ますが、それでも、呆れながらも笑って許されるようなかわいさを育てることが、新人教育では重要なのです。

自律心と良心をボトムアップで育てる

管理職研修が組織の上位から変革するトップダウン型の研修だとすれば、新人研修は若い人の自律心と良心を育て、当たり前のレベルを高めていくボトムアップ型の研修です。

これは人格者を増やすためにも重要なポイントで、まず上司が人格者となって手本を示す必要がありますが、研修などによって新人の人格も高めていくことにより、トップダウンとボトムアップの両輪で効果を大きくすることができるのです。

自律心と良心は、要するにリモートワークのように誰も見ていない状況でも、怠けることなく責任感をもって仕事に向き合う人になるということです。「小人閑居して不善をなす」という言葉にもあるように、働き方が効率化されている現代では、正直なところ、仕事で手を抜けるところはたくさんあります。やろうと思えばいくらでもごまかせますし、ズルができます。そういう環境で、誰かに注意されなくても主体的に行動できるかどうかは、その人の自律心にかかっています。真面目に仕事と向き合えるかどうかはその人の良心にかかっています。これは社則や制度などによって外部の人がコントロールできることではなく、一人ひとりの人格と、その根底にある良心と自律心によってそれぞれが内発的にコントロールすることです。

人格を育てるための具体的な研修の一例として、私たちの研修では茶道の心得から社会人の心得を学ぶことがあります。お茶の立て方を学ぶのではなく、茶道の視点から見る品格やおもてなしについて話をしてもらい、自分の考え方や人との接し方について振り返ってもらうという内容です。道がつくものはすべてこの心得が共通していますが、茶道だけがある意味、きちんと言語化体系化されているので、茶道を知らない人にも分かりやすくできています。このような研修は、名刺の渡し方や敬語の使い方などを学ぶのだろうと思っている新人には意外性があり、興味をもって聞いてもらえます。今までの人生で茶道に触れたことがある人もあまりいないため、知らない世界を知ることが勉強になりますし、目の前の業務や仕事を進めていくために必要なスキルだけを学んでいる人とは内面的な差が生まれるのです。

新人が育つと中堅社員も変わる

現場に人格者が増えれば、周りにいる人も影響を受けます。1年後には自律心と良心がある身近な手本として後輩に良い影響を与えられるようになりますし、真面目に仕事と向き合う人が増えていくことで、ごまかしたりズルをしたりする人は居心地が悪くなり、思考と行動を改めるか、改めなければいづらくなって辞めていきます。「バス」に適切な人が残り、不適切な人が減る浄化が自然に行われるようになります。

真面目に取り組む人が増えれば、良い商品がつくれ、良いサービスもできます。顧客や取引先も真面目に取り組んでくれる人を評価しますから、業績も伸びます。新人に向けた人格の育成がそのような良いサイクルを生み出すきっかけになるわけです。

また、一人ひとりの当たり前のレベルが高くなると、彼らを管理するための手間が減ります。当たり前のことを当たり前にやることが当たり前になっているため、サボるのではないか、手を抜いているのではないかなどと心配する必要がなくなるのです。究極的には、社則などもいらなくなります。いい換えると、ルールを細かく整えたり社則などで行動を制限したりしようとする取り組みは、新人の人格を育てるという点では逆効果だということです。ルールを厳しくすれば、一時的には緊張感が生まれて新人はシャキッとしますが、人格は育ちませんので効果は限定的です。自律心と良心を育てない限りルールで縛り続けなければならず、縛ろうとする限り人格が育たないという堂々巡りの取り組みになるのです。

さらに、新人の人格が育つと、変化を避けている中堅社員を脅かします。かつてのように年功序列で昇進できる時代が変わっていくなかでは、新人が中堅社員を追い抜くこともあります。それが中堅の危機感を煽り、自分も勉強して成長しなければいけないという意欲に火がつくこともあるのです。

人が集まるリーダーに変える

階層別の研修のなかで最近増えているのが次世代リーダー層向けの研修です。次世代リーダー層は管理職の一歩手前にいる人たちで、企業としては、彼らを育てることによって10年、20年後といった中長期の視点で会社を発展させていきたいという思いがあります。また、管理職研修をしても大きな変化がないという実態から、50代の管理職よりも30代から40代くらいの次世代リーダーの教育に投資したほうがいいと考えている企業も増えています。

次世代リーダー研修の目的は、天狗になっている彼らの鼻を折ることです。次世代リーダーは優秀だからリーダー候補となっています。成績が良く効率よく仕事もでき、周りからも会社からも一目おかれます。同世代と比べても頭一つ抜け出ています。そのため、ほとんどの場合で天狗になり、自己肯定感と自己効力感が非常に高く、自信がある状態を超えて自信過剰になるのです。

自信過剰になることは、次世代リーダー層にとって悪いことではありません。自信は行動力と挑戦意欲を高めるため、彼らが積極的、主体的に行動するためのエネルギー源として必要なのです。ただ、そのままではいい管理職にはなりません。能力が高くても人格が低ければ人がついてこないからです。

自分がいちばんだと思っていて、その雰囲気が全身からにじみ出ているようなイケイケの人に対して、周りの人たちは感心はしても親しみやすさは感じません。相談しても冷たくあしらわれそうですし、見下されたり馬鹿にされたりしそうな気もします。その状態では管理職になってもチームはまとめられません。そのことに気づかせ、人格を育てなければならないと自覚してもらうことが、鼻を折るということです。

天狗になっている次世代リーダーに対して、上司や先輩が諭すこともできますが、身近な人の意見はあまり響かないものです。諭す側の上司が次世代リーダーから見て尊敬できない人であった場合、たとえ上司の言っていることが正しかったとしても、反発する気持ちが先に立ってしまい、逆効果になります。

そういうときこそ外部の人の意見が役に立ちます。活躍できるリーダーがどういう人なのかを客観的に示せる人が、天狗になっている社員の足りない部分を指摘することで、次世代リーダーは自分の未熟さを自覚しやすくなり、もっと勉強しようという気持ちになれるのです。

人格を高めるための方法や管理職の研修と同じです。例えば、失敗するのはいいことだと意識して、後輩には積極的な挑戦を促す人を目指します。こまごまと指示を出すのではなく、メンバーや後輩に考えさせるためのコミュニケーションを身につけます。また、時代の変化に敏感になり、若い人を含む周りの意見に耳を傾けながら、自分で自分を変えていく大切さを理解します。後輩やメンバーに分からないことがあるときには「見て覚えろ」の姿勢ではなく、サーバント型で一緒に寄り添うことによって成長を促します。

このような行動ができるようになれば、自然と後輩たちに慕われ、彼らがついてくるようになります。後輩の成長スピードも速くなり、優秀なチームもつくれます。すぐに人格が高まるわけではなく、傲慢な発言や自信過剰な振る舞いがなかなか抜けない人もいます。しかし、ベテランたちに比べれば次世代リーダーは若く、考え方が柔軟です。成長意欲もあるため、変わりたいと思ったら変わり始めます。

大事なのは、彼らが管理職になる前に人格を高める教育を始めることです。管理職になり、急に人格を高めようとしても時間がかかります。傲慢さが残っていると良いチームもつくれません。管理職になってから管理職らしく変えるのではなく、その前から研修によって助走をつけて、管理職として活躍できる人になってから管理職にすることが大事なのです。

管理職になりたがらない理由

次世代リーダー向けの研修では、管理職となって優秀なメンバーとチームをつくっていくことに意義と価値を感じてもらうのが大事です。その意識がないと、自分だけ成果を出せばいいと考え、メンバーに関心をもたない一匹狼タイプの管理職になってしまいます。または、管理職にならなくてもいい、マネジメントよりプレーヤーとして活躍するほうがいいと考えるようになってしまいます。

企業としては、優秀な社員がたくさん稼いでくれることも大事ですが、そのノウハウなどをほかの社員にも教え、優秀な人を量産してくれるほうが望ましいはずです。そのためにも、次世代リーダーにはマネジメントの仕事に興味をもってもらうことが重要で、管理職になりたいと思ってもらう必要があるのです。

実際、責任が大きいから管理職にならずにいたほうがラクだと考える人は増えているように感じます。その原因は、管理職にあります。今の管理職がつまらなそうに仕事をしていれば、その下にいる次世代リーダーたちも、あんなふうにはなりたくないと思ってしまいます。なんの楽しみもなく仕事をしているベテランを見て、若い人たちはその姿と自分の未来を重ね合わせるのです。

また、管理職になることや、管理職として良いチームをつくっていくことに興味が湧かないもう1つの理由として、彼らのキャリア意識が短期目線になっていることもあります。キャリアは生き方であり、定年となる年齢やできればその先まで見据えることが大事です。しかし、彼らは今と少し先までしか見ていません。今年も優秀な成績を残せればいい、3年後には転職しているかもしれないといった意識があるため、管理職として活躍している自分の将来が想像しづらいのです。ＦＩＲＥという言葉が流行るのも、中長期の目線で仕事をしていくイメージが湧かず、むしろ、そういう人生はつまらなそう、意味がないと考える人が多いからです。この状態を変えるためには管理職が意識して自らの働き方を見直し、変えていく必要があります。また、経営者は研修などを通じて管理職の働き方を変える支援をすることが求められます。

人の育成も責任を背負うことも大変ですが、大変だけれども楽しいと管理職自身が実感しながら働く職場になれば、若い人たちの見る目も変わります。20年、30年といった期間をかけてキャリアをつくり、その過程で自分も成長していくイメージが湧くことで、管理職になることへの興味と意欲も高まりやすくなるのです。

意識さえ変われば、次世代リーダーはもともと優秀ですので自主的に学び始めます。彼らは決して学びたくないわけではなく、学ぶことが嫌いなわけでもありません。20年後の自分のイメージが浮かばず、なんのために学ぶのかが分からないだけです。管理職として活躍している未来が見えれば、リーダーシップやマネジメントなどについて勉強するようになります。企業はその意欲に応える研修などを用意することで次世代リーダーの成長を後押しすることができ、それが20年後の経営を安定させることにつながっていくのです。

女性向け研修は本気度が大事

女性の活躍推進が重視されるなかでは、女性向けの研修も重要なテーマです。法律とも関係しますし政策の後押しもあります。すでに世の中では専業主婦世帯より共働き世帯のほうが多くなりましたが、今後もその傾向は進み、今以上に共働きが当たり前になっていくはずです。

ただ、企業側の取り組み方を見ると、本腰を入れている企業は少ないと感じています。世の中の流れに合わせて、一応研修しておけばいいといった後ろ向きな感覚の企業が多く、管理職や新入社員向けの研修とは温度差があるのです。女性社員の定着率が悪いことや女性の管理職や取締役が少ないことも、本気度が足りない点に起因します。企業側の、女性を育て活躍してもらおうという意思が薄く、彼女たちを支援する仕組みなども少ないため、女性としては長く勤めたいと思わず、頑張りたいとも思わないのです。

本気とはどういう状態かというと、例えば、私たちが研修依頼を受けている大手企業では、毎年、2~3日かけて女性活躍を目的とする研修をしています。正社員だけでなく時短勤務の社員も対象です。女性は出産と子育てで時短勤務になるケースが多いですが、そこで彼女たちの成長を止めず、引き続き仕事も頑張りたいと思っている女性を支えているわけです。また、その研修では、必ず会長や社長が社員に向けて話をします。研修を始めるときに話をして、研修の終わりにも30分ほど話をします。大手企業になるほど会長や社長を間近に見る機会が減り、入社式以来見たことがないというケースも多いですが、この企業では毎年研修で直に話を聞くことができるわけです。

会長や社長は、女性だから管理職になれないとか、時短勤務者だから責任のある仕事ができないといった考えは思い込みに過ぎないといいます。そう思い込んでいないか問いかけ、この会社は「ガラスの天井」(性別や人種などがキャリアアップの邪魔になる状態)がなく誰もが平等に評価される会社だと伝え、そのために会社も常に変わり続けていくと宣言します。彼女たちの成長と活躍に期待しているともいいます。

そういわれたら、自然とやる気が高まります。長く勤めたい、フルタイムが難しいなら時短で勤めたいと考える人が増えるのです。その様子を見ていて、さすが日本を代表する企業だと感じます。女性を育てることに本気になると、女性も仕事とキャリアに本気になるということがよく分かるのです。

ちなみに、研修する時期や年が変わっても話す内容はそれほど変わりませんが、録画はせず、毎回研修で話をします。そのほうが、社員の心に刺さりやすいからです。また、リモート研修の場合は、会長や社長が自分たちの顔は見せずに秘書などのアカウントで参加し、自分たちが聞いていることが分からないようにしながら、社員たちからどんな発言が出るのか様子をうかがっています。そのなかで感銘を受けたことを研修の終わりに話します。これも社員のやる気が高まる要素です。経営層が自分たちの意見にきちんと耳を傾けてくれると実感し、ますます会社が好きになるのです。

復職できなくなってからでは遅い

女性向け研修の目的は、彼女たちのキャリア意識を高めることです。女性の社会進出が大きなテーマとなっていますが、実態として、女性は20代後半から40代前半くらいまでにかけて出産と育児のために仕事から離れる人が増えます。女性の活躍推進、女性の管理職比率を増やすといったことは口でいうのは簡単ですが、女性は家庭の事情で働き方が制限されるケースが多く、簡単にはいかないのです。

男性も親の介護で仕事を減らしたり時短勤務にしたりするケースがありますが、年齢的には60代に入ってからのことが多いといえます。仕事の面でのキャリア形成でいえばゴールが見えてからですので、若いうちにキャリア形成の壁にぶち当たる女性とは違います。

このような差異も踏まえて、女性は自分がどう生き、どんなキャリアを望んでいるのかを若いうちから真剣に考える必要があります。結婚してから、子どもができたら、とのんびり構えていると、仕事から離れなければならなくなることも考えられます。最近は女性が復帰しやすい企業も増えていますが、いったん退職し、子育てが落ちついてから復職した場合、長ければ10年くらいのキャリアが一時停止になり、戻っても浦島太郎状態になります。復職が難しければ働き口は選択肢が狭まり、パートやアルバイトくらいになってしまう可能性があります。

それでもいいと思う人もいます。しかし、キャリアの面で不幸なのは、本当は仕事を続けたかったと後悔することです。希望していたような生き方ができなくなるかもしれないリスクに気づかせ、キャリアについて考えるきっかけを与えるのが研修の目的の1つなのです。重要なのは、自分の理想的なキャリアを思い描くことです。子育てなどが一段落して復職しようと思ったときに、10年のブランクがある人を採用してくれる企業は少ないという現実を知ること、また、知ったうえで選択肢を広げることが大事です。出産と子育てのためにいったん退職するにしても、その前までにしっかり成果を出していれば、企業が優秀な人だと評価し、復職しやすくなることもあります。リモートワークなどを通じて継続的に仕事と関わりながら、浦島太郎状態にならないようにすることもできます。自分の理想のキャリア形成として仕事を長く続けたいと思うのであれば、女性は男性よりも長い時間軸でキャリアを考えて、復職や再就職を見据えた対策を早いうちから講じていくことが求められるのです。

世の中の半分は女性

経営判断として制度と環境を変えていくためには、女性の活躍を推進する重要性を表面的にではなく深く理解することが大事です。まず人口が減っていく社会では中小企業を中心に人手不足が深刻化していくことが明らかです。男性だけで必要な働き手を確保するのが難しくなり、いかに女性を採用できるかが人材確保という点で企業の生命線になります。

また、世の中の半分が女性ですので、消費者の半分も女性です。商品やサービスをつくり出していく点でも、男性視点の開発では偏りますし、女性の視点が入ることによって女性の消費者が喜ぶ新しい商品やサービスを生み出すこともできるようになります。見方を変えれば、女性の活躍推進が始まったばかりの今こそ、その分野で他社を先行することが企業の発展のチャンスになるということです。

また、女性が働きやすく、復帰もしやすい制度と環境が整えば、それが女性視点から見た企業の評価を高めることにもつながります。女性の活躍推進に後ろ向きな企業では、優秀な女性でも管理職になれません。ガラスの天井でキャリアが止まり、彼女より能力が低い男性が管理職になっていきます。理由を聞いても、女性だからとしか返事がなく、結婚して退社するかもしれない、出産したらフルタイムで働けないだろうと言われます。

優秀な人であるほど、そういう企業は辞めようと思います。能力があり、成長意欲が高い人は自分らしいキャリア形成ができる企業に転職しようと考えます。そのような人たちの受け皿となるのが、女性が働きやすく、復帰しやすい制度と環境が整った企業です。あの会社に入ればキャリア形成できると認知されることにより、優秀な女性が集まるようになるのです。

知識不足がハラスメントを生む

コンプライアンス重視の時代になり、ハラスメント研修に力を入れる企業も増えています。法律面では改正労働施策総合推進法（パワハラ防止法）が義務付けられていますし、SNSですぐに情報が拡散される時代では、ハラスメントの発生、発覚、拡散によって企業の信用が大きく損なわれる可能性もあります。

ハラスメントには、セクハラ、パワハラ、モラハラなどがありますが、このうちセクハラについては以前から社会的な問題として取り上げられ、セクハラがどういうものかが広く理解されたこともあって発生件数はそれほど多くありません。一方で、コロナ禍以降はストレスを感じている人が増えたのかパワハラが増えています。どういう言動がパワハラにあたるのかがいまいち理解されていないこともパワハラが増えている原因の1つです。

きちんと理解されていないという点はモラハラにも当てはまります。モラハラは、道徳や倫理を意味するモラルに関わるハラスメントで、いじめととらえられるような言動、嫌がらせ、精神的に追い詰める行為などがモラハラにあたります。

人を殴ったり蹴ったりするのは暴力です。ハラスメント以前の問題ですので、そういうことはしてはいけないとほとんどの人は分かっています。ただ、手を出さなければ大丈夫だと考えている人もいますが、これは間違いです。指示した業務ができなかったメンバーを怒鳴る行為はパワハラになる可能性がありますし、「アホ」「カス」などと侮辱したり、できない社員だと決めつけて無視したりする行為はモラハラにあたる可能性があります。普通に考えれば、誰かを怒鳴ったり悪く言ったりしていいはずがありません。パワハラやモラハラをする人も、頭のなかでは分かっているのです。しかし、理解はしているけれども、実際にはやってしまうこともあります。自分の言動がハラスメントにあたると認識しつつ、自分は大丈夫だろうと楽観していたりするためです。または、怒鳴ったり侮辱したりすることがハラスメントになる可能性があることも分かったうえで、ハラスメントを繰り返す人もいます。その人たちは、メンバーのミスを責め指導するのは必要なことだといった間違った考えが頭のなかにあり、自分の言動を正当化してしまっているのです。

これらはいずれもハラスメントに関する知識不足が原因ですので、研修などで具体例を学ぶことで自覚を促すことができます。ハラスメントについて正しく理解している人を増やし、社員が安全に安心して働けるようにすることがハラスメント研修の目的の1つです。

9割のまともな人が抑止力になる

ハラスメント研修には、実はもう1つ大きな目的があります。それは、ハラスメントをしなさそうな人たち、つまり人格がきちんと育っている人たちにハラスメントについてきちんと知ってもらうことです。そもそもハラスメントをする人は、相手の立場になって物事を考えることができないという点で人格が育っていません。そのため、ストレスがかかったり怒りを感じたりしたときに突発的に暴言を吐いてしまいます。これは感情のコントロールの問題です。そのため、こういう行為はハラスメントですと学んでも、繰り返す人は繰り返します。「知っている」ことと「できる」ことは別で、メンバーを怒鳴ったりする人は、怒鳴ってもいいと思っているわけではなく、怒鳴る自分を止められない人なのです。また、人には他人より優位に立ちたいという欲求があるものです。今風にいえばマウントを取りたいと思っています。そのため上司とメンバーの関係では上司が威圧的な態度を取りやすくなりますし、立場や権限で人を支配しようという気持ちが芽生えます。このような欲求も、人格が育つほどなくなっていくのですが、それができず、スキがあればマウントを取りにいってしまう人、またその言動を止められない人もいます。

分かりやすい例が、店員や駅員などに大声でキレている人です。周りで見ていると、そんなに怒るようなことではなく普通に話せばよいと思いますが、一定数の人はそれができません。自分の主張だけが正しいという思い込みが強く、怒鳴り散らす自分をコントロールできないのです。

一方、人格が育っている人は相手の立場になって物事を考えることができるため、ハラスメントもしません。真面目さに自信がある人ほど、研修を受けなくても分かっていると考え、自分だけはハラスメントをしないと思っているため、研修も軽く聞いて受け流そうとします。しかし、企業のような組織が人の集合体であると考えると、重要なのは社内にいる一定数のハラスメント気質の人を止めることです。なぜなら、例えば1割の人がハラスメントをすることによって企業の信用は傷つき、残り9割のハラスメントをしない人たちにも悪影響が及ぶからです。

ハラスメントをする人はごく一部の人です。性格や気質の問題ですから簡単には変わりません。身もふたもない言い方に聞こえるかもしれませんが、やる人はやりますし、何度もやるのが現実なのです。

研修ではそのことを教える必要があります。研修の本質としては、ハラスメントについて表面的に知識を身につけるだけでなく、1割の人が起こすハラスメントを9割の人が協力して発見し、止めて、やめさせる抑止力となり、防御力とならなければならないと理解させることが大事なのです。つまり、ハラスメントをしない人こそ、どういう行為がハラスメントに該当するか学び、ハラスメントについて深く知る必要があるのです。

ハラスメント研修によって、ハラスメントをしない9割の人たちが、自分たちが抑止力であり会社をハラスメント問題から守っていると自覚することで、会社を大事に思う気持ちが強くなります。会社のことが自分ごとになるということです。また、9割の人が協力することで、社員のなかで一体感が生まれます。意見を出し合い、力を合わせることによって会社もさらに良くなっていくのです。

［第4章］

インプットとアウトプット、個人とグループ、ウェブとリアル――社員に合った「研修スタイル」を選択する

目的に合わせて研修スタイルを選択する

研修テーマについては、管理職、新人、女性などがあり、また、オンライン研修と対面型、単発のセミナーと長期研修、インプット重視型とアウトプット重視型など、受講のスタイルも複数あります。効果的な研修を行ううえでは、この選択も重要です。日々の業務の忙しさ、どれくらい真剣に学んでほしいかなどを踏まえ、また、スタイルごとの長所、短所を把握して選択することによって、効果を最大化することができます。そのなかでも、複数の企業の社員が参加するオープン型と、社内の社員に限定するクローズド型のどちらにするかというのは、重要な判断になります。

オープン型は公開型ともいわれ、外部の研修業者が研修テーマごとに内容を決めて、興味をもった人が参加するスタイルです。受講方法としてはウェブセミナーもありますし、会場で講師が研修を行う対面型セミナーもあります。オープン型で特徴的なのは、他社の社員と一緒に学ぶ点です。ウェブ上で意見を交換したり、セミナー会場で隣に座った人と話をしたりすることが、学び手である社員には刺激になりますし、社外の人の考え方や価

【図表9】さまざまな研修スタイル

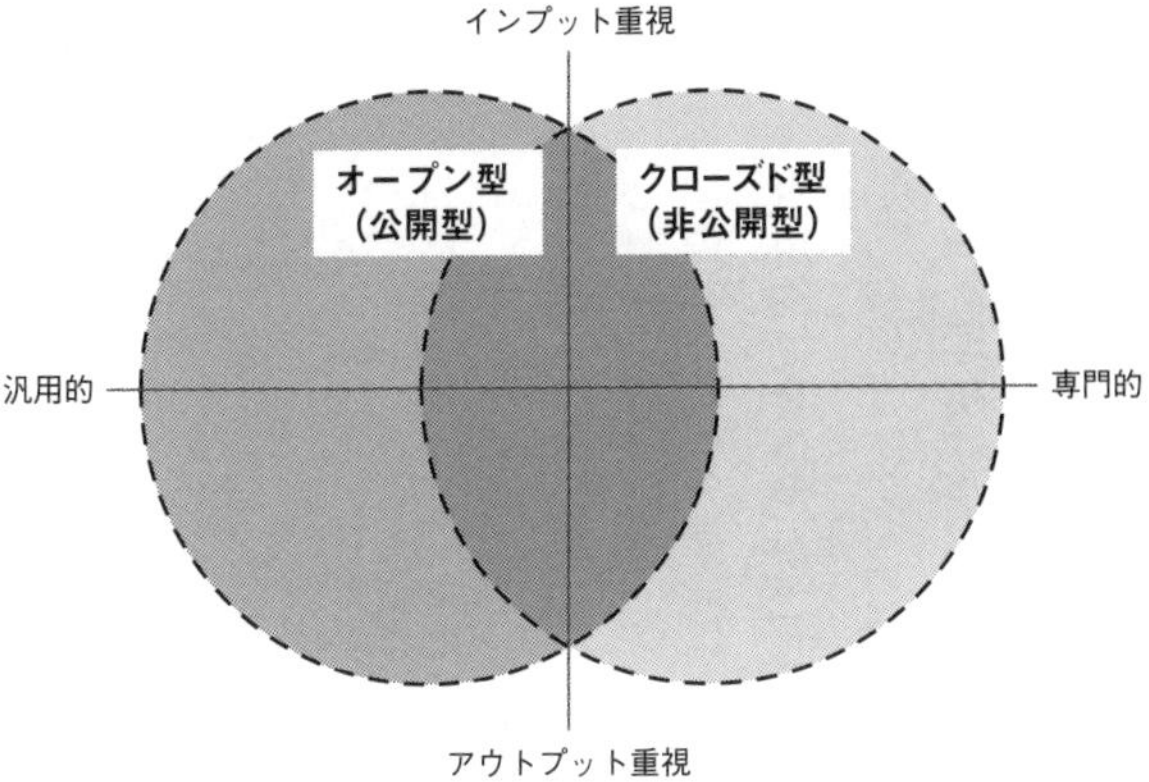

値観に触れる機会にもなります。

研修を受ける社員は、程度の差はありますが「井の中の蛙」になっています。普段の仕事では自分の業務内容や勤め先の環境のことにしか目が向かないため、あらゆることを自社基準で考えます。しかし、成長するためには視野を広げなければなりません。オープン型は他社の社員と接点をもつことにより、井戸の外の世界を知ることができるのです。

実践に反映しやすいクローズド型

オープン型の研修内容は、汎用的なものが多いといえます。複数の企業の社員が参加するため、「管理職の年齢が60歳を超えている場合」「女性比率が1割未満の場合」といった企業ごとに異なる特定のケースを掘り下げるのが難しいため、汎用的にならざるを得ないのです。そのため、どのテーマに関しても基礎知識を学ぶ機会としては適しているといえます。

また、これまで外部研修を行ってこなかった企業の社員にとっては、研修がどういうものかを知り、慣れるための機会にもなるだろうと思います。

一方で、汎用的で具体性が乏しくなる点はデメリットとなります。「管理職に期待されるのはどういう役割か」「DXはどう進めたほうがいいのか」「女性の活用推進がなぜ重要なのか」といった理屈は学べますが、それを自分たちの会社の制度や業務に深く落とし込むのは難しく、学校で勉強するのに似た状態になります。また、個々の企業は弱点も組織体制も社風も経営者の考え方も異なるため、理屈は分かるが実践的ではないといったこともあります。

そのデメリットを解消するのがクローズド型研修です。クローズド型は各社から研修の狙い、弱点、社風、経営者の考え方などを聞いて研修内容を考えるもので、オーダーメイド型ともいえます。クローズド型の研修内容は、研修業者によって差がありますが、私たちの場合は、まずは経営者や担当者との打ち合わせで課題を聞き、どういう社員に学ばせたいか、どれくらいの期間を想定しているかを把握します。そのうえで研修内容の素案やプログラム案をつくり、さらに細かな打ち合わせをしながら、研修の目的を明確にしていきます。目的は、業績面でのＫＰＩ（重要業績評価指標）のほか、社員にどんな知識を学んでほしいか、どういう社員になってほしいかといった定性的な目標も立てます。その目標に合わせて、参加する社員と1対1の面談やロールプレイングを行ったり、現場の業務の流れや特性に合わせた評価シートなどのツールをつくったりします。

完全なオーダーメイドなので、研修内容はすべて異なります。各社の課題をヒアリングしたうえで研修内容を構成し、研修で学んだ内容をすぐに実践で使うこともできます。現場の業務を題材としながら講義を進めていくことで、社員の理解度も高まりやすく、社員の成長や業績面での成果などにもつながりやすいものになります。

10人前後がコストの分岐点

オープン型とクローズド型はコストで比べてみることもできます。オープン型は通常、参加者1人につきいくらと決まっています。例えば、コンプライアンス対策の研修に10人、新規事業開発のセミナーに10人参加させるのであれば、それぞれについて10人分の参加費用がかかります。

コストに関しては、コストそのものの高さや安さではなく、コストあたりの効果の大小、つまりコストパフォーマンスを見ることが重要ですので、誰に、どの研修を受けてもらうかを決めるところが1つの肝です。企業が準備できる研修費用は有限ですので、この部門からはリーダー層に参加してもらう、あの研修には全部門の管理職に参加してもらうといった人選をする必要があり、そのためには、研修の担当者が、どの部門で、どんなスキルが不足しているかを把握しておくことが重要です。

また、一般的な研修費用で比較すると、参加者が10人を超えるあたりからクローズド型

【図表10】 1人当たりの研修コスト

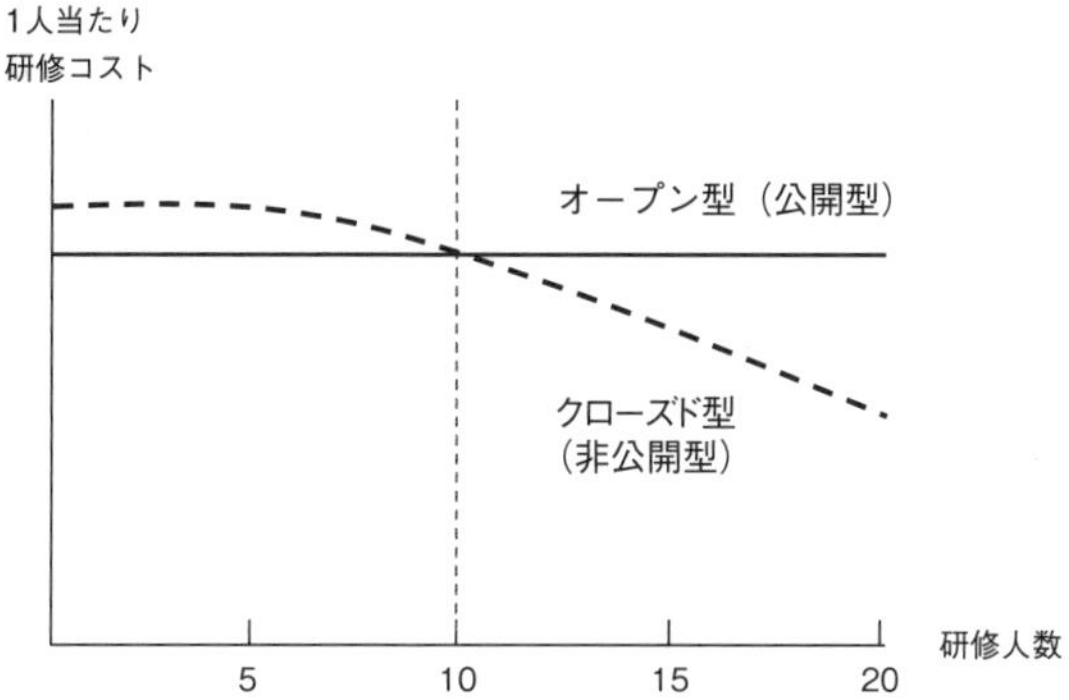

のほうが安くなりますので、何人参加するかも選択する際の1つのポイントになります。企業の規模別で選択の傾向を見ると、中小企業はオープン型で学ぶことが多く、大手企業はクローズド型で学ぶことが多いといえます。これは参加者の数が関係しています。大手は人が多いため、オープン型よりもクローズド型にしたほうが深く学べるうえ、コストも安くなります。

研修内容で見ると、管理職や新入社員研修などは、企業の規模にもよりますがオープン型のほうが安くなる場合が多く、全従業員が対象となるハラスメント研修などは10人を超えることが多いため、クローズド型を選択する企業が多いといえます。

クローズド型は参加者を引き込みやすい

オープン型とクローズド型の選択では、学び手となる社員の学習意欲を見ることも重要です。オープン型は汎用的な内容が多くなりますが、参加者が賢い人であればその内容を自分の業務や自社の状況に当てはめて、実践的な内容にすることができます。例えば、オープン型でマーケティングに関する基本的な考え方と知識を学びつつ、自分の頭のなかで応用ができるのです。このタイプの人はオープン型でもクローズド型でもどちらでも大丈夫です。学ぶことにも、学んだことを活用することにも慣れているため、どんな研修でも自身の糧にします。研修しなかったとしても自力で本を読むなどして勉強し、成長してくれますし、研修を受けさせればさらに伸ばすこともできます。

一方、社員のなかには勉強に慣れていない人がいます。応用力がなく、知識を習得するだけで実践に落とし込めません。このタイプの人はオープン型に参加しても時間とお金の無駄になります。どのスキルを、どんなときに、どうやって活用するかまで掘り下げて教える必要があり、それができるクローズド型でなければ現場業務まで落とし込めないのです。

コスト以外の点での判断軸はそこにあると思います。オープン型研修で知識を身につけるだけでなく、その知識を日々の業務に反映できるか、また、そのために必要な追加の知識を自分で探し、勉強する力があるかといった点でどちらを受けるか判断することになります。

知識吸収のインプット型は幅出しが大事

研修の進め方のスタイルは、講師が説明して参加者である社員がその内容を聞くインプット型と、参加者である社員もお互いに議論したり意見を述べたりしながら進めていくアウトプット型に分けることができます。

インプット型は知識の吸収を狙いとする研修で、学校の授業をイメージすると分かりやすいかと思います。そのテーマについて学ぶにしても、まずは基礎的な知識が必要です。インプット型はそのための研修に向いているスタイルで、マネジメントはどういうものか、近年のハラスメント対策はどうなっているかといった概論を勉強しながら、知識の基礎固めができます。受講方法についてもウェブで学べるオンラインセミナーが主流で、種類も豊富です。ヒューマンスキルに関する基礎を学ぶほか、ビジネスモデルや経営などについての基本的な考え方を学んだり、技術系の仕事であれば専門技術の最新情報を学んで知識をアップデートしたりすることができます。

社員の成長や業績面での成果に結び付けていくためには、最終的に学んだことをアウトプット（実践）する必要があります。ただし、英単語を知らない人が英語で会話できないのと同じで、まずは基礎となる知識が必要です。そのため、インプット型研修はまず量を意識することが重要です。例えば大学できちんと学び、たくさん本などを読んだ人は内容の濃い卒業論文を書けますが、学ばなかった人の卒論は薄っぺらいものになります。

また、質も重要です。勉強は、やり始めると楽しくなります。人には知的好奇心がありますので、次から次へと知りたいことが見つかり、深掘りしたくなります。

ただ、それはそれで勉強意欲をもったり学習習慣を身につけたりするという点で大事なのですが、楽しいから勉強するだけでは自己満足になってしまいます。そこが学校と企業の違いで、企業研修の勉強は実務に落とし込み、成果に結び付けることが求められるのです。

そのため、経営者や研修の担当者は、インプット型研修のバリエーションを増やすとともに、研修でインプットできる内容の質にもこだわることが大事です。例えば、去年の研修がいまいち成果につながっていないようであれば、今年は別の研修業者を使ってみるといった改善ができます。ウェブ研修だと真剣さが出ないと感じるのであれば、対面型に変えてみるといった改善もできます。

さらに主体的に質を高めるのであれば、研修の担当者などが各部署の強みや弱みを分析し、課題解決につながるかどうか研修の内容を吟味することもできます。そのためには担当者が各部署とコミュニケーションを取って課題を聞き出したり、経営方針と擦り合わせながら企業が求める理想の人材像を明確にしたりする必要があり、また、そのような管理ができる優秀な担当者を配置することが条件といえます。

アウトプットありきで考える

重要なのは、インプットだけでは不完全であるということです。知識があってもアウトプットしなければ成果には結び付きません。インプット型の研修を用意したり選んだりする際も、この研修でどんな成果を目指し、社員にどうなってほしいのか、といったアウトプットありきで考えていくことが大事です。

ここを間違えると企業は学校になります。実際、学習意欲が高く、知識も豊富な社員がそろっているにもかかわらず、業績が伸び悩んでいる企業もあります。その原因はアウトプットが不明瞭だからです。なんのために勉強するのか、知識を吸収してどのように仕事に役立てるのかといったアウトプットが見えていないため、せっかくの研修が自己満足や資格取得のためだけの勉強で終わってしまっているのです。

勉強と成果という点では、ここが多くの企業に共通する弱点だと思います。そもそも多くの日本人は真面目ですから勉強しようと言われたら勉強します（積極的にやるかどうかは別として）。受験勉強を経験している人も多いため、詰め込み型ともいえるインプットの勉強は得意ですし、勉強というとインプットというイメージをもっている人も多いといえます。

ただ、このような勉強法に慣れている人は、問題集を解くのは得意なのですが、小論文を書こうとすると途端に筆が止まります。模写で絵を描くのは得意ですが、白い画用紙を渡して好きなものを描いてくださいと言われた場合も、そこで筆が止まります。つまり頭のなかにあるものを目に見える形としてアウトプットすることができません。子どもの頃は、自由に意見を述べることも好きな絵を描くこともできたはずですが、インプット偏重の勉強を積み重ねていくなかで、徐々にアウトプットができなくなっているのです。

研修と成果の関係も同じです。講師が言うことを覚えるのは得意です。暗記もできます。しかし、頭のなかに入った知識をどうやって活かすか、仕事としてアウトプットするにはどうするかと考え始めると、アウトプットしてきた経験が少ないため、せっかく詰め込んだ知識がうまく咀嚼《そしゃく》できず、思考停止に近い状態になってしまうのです。

これは企業にとってマイナスの要素です。例えば、製造業なら機械の使い方、営業なら営業トークの順番など、既存の業務について必要なことは覚えます。ここはインプットの領域ですからほとんどの人が簡単に覚えるのです。

しかし、既存業務の改善をしようとなったときに思考停止状態になり、アイデアが出せません。ここはリーダー層や管理職につくための登竜門のような領域で、アウトプットが

【図表11】インプットとアウトプットの重要性

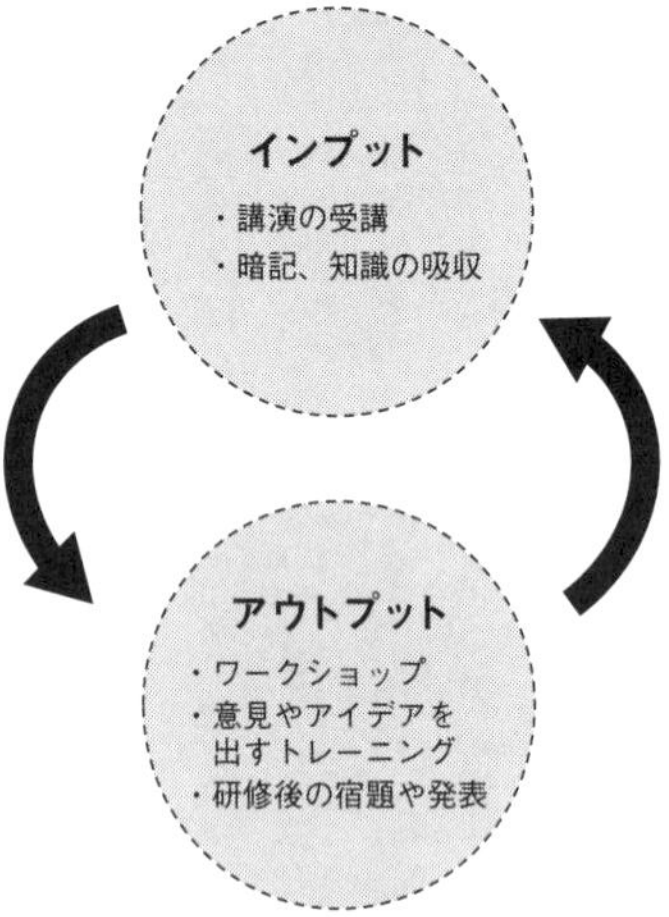

苦手でアイデアが出ない人はここで壁に突き当たることが多いのです。

アウトプットができないと、あらゆることを気合と根性で解決しようと考えます。例えば、業務改善のアイデアが出ないメンバーに対して、気合でひねり出せ、根性で改善しろといった指導をします。このタイプの管理職には若い人はついていきません。

少し広い視野で見れば、長時間労働が美徳とされてきたのもアウトプット力を気合と根性で乗り切ろうと考える人が多かった結果です。昭和型の働き方をする人は、頑張ればできると考えますが、問題の本質は頑張っているかどうかではありません。アウトプット力を高めることが重要で、そのためには研修などによって意見を述べたりアイデアを出したりするトレーニングが必要なのです。

知識がたくさんあることと賢いことは違います。仕事で求められる賢さは、知識をどう組み合わせ、どうアレンジし、どう活かすかです。日本式の勉強法が根づいているため、この部分が苦手な人が多いのですが、逆にいえば、この環境はチャンスでもあります。

すでにインプットする力はありますから、あとはアウトプットする力を研修などで鍛えること、また、そのためにコストをかけて投資していくことで、競合との差別化を図ることができるからです。

宿題をつくってアウトプットを習慣化

アウトプット型の研修にはいろいろと方法がありますが、私たちが行っている研修では研修後に宿題を出します。例えば、研修で実際に学んだことを実践してもらうことを課題にして、その内容を私が確認し、添削します。企業内での研修ですぐに始められる例としては、仕事や職場における自分の目標を書き出したり、憧れの人を思い浮かべて、どのような点に素晴らしさを感じるかを発表したりするといったことができます。

研修内で意見交換や議論の場をつくることも有効な方法です。いきなり議論が難しければ、研修内容に関して雑談の時間をつくるだけでも導入には十分です。雑談は案外難しく、自分の意見を述べなければ会話が続きませんし、質問する力も求められます。これらはいずれもアウトプットです。

さらに簡単な取り組みとして、日々、今日あった良い出来事を日記などに書くこともできます。今日の出来事で良かったと感じたことを3つ書くというお題を出して、それを毎日やってもらうのです。これもアウトプット力を高めることにつながりますし、自分にとって良かったことを書き出すことで、これができた、あれもできたという振り返りができ、自己肯定感と自己効力感も高まります。良かったことのほかには、明日からやってみたいことを3つ書くのも良いです。明日からやることは目標ですので、目標を言語化することでやる気が出ます。達成できれば仕事が楽しく感じます。

また、管理職にとっては、アウトプット力を高めることが周りを惹きつけることにもつながります。現場の社員は機械の構造や使い方が分かればいいかもしれませんが、上司になるためには分かりやすく教えるスキルが必要です。昔ながらの上司は「見て覚えろ」で通用しましたが、今の人はそれではついてきません。メンバーに寄り添い、なにが分からないのかを把握し、分かりやすく説明する上司が信頼され、そういう上司の周りに人が集まるのです。

今後はＡＩがあらゆる業務に入り込んできます。ＡＩの強みは覚えるのが得意なことで、暗記が得意な日本人でもその分野ではかないません。そのような時代になったときに、人がどこで価値を発揮するかというと、ＡＩにはできず、機械化や自動化ができない領域しかありません。アイデアを出す、雑談する、人に寄り添って教える、人格で周りの人を惹きつけるといったことはまさにその領域で、コミュニケーションを含むアウトプットがうまい人が優秀と評価され、企業に重宝されるようになるのです。

考える人が多い組織を目指す

アウトプット力を高めることは、考える力を付けることと同じです。暗記も脳を使いますが、考えているわけではありません。考えるとは、手持ちの知識や情報について深掘りしたり、それらを組み合わせたりすることによって新しいなにかを生み出すことです。そのためには、考える材料となる知識とスキルのインプットも大事ですが、並行して、インプットした知識などを頭のなかで整理し、アウトプットに結び付けていく力、つまり考える力も伸ばしていく必要があります。

それができる社員が増えると現場改善や事業開発もトップダウンとボトムアップの両方からできるようになります。トップダウンのほうでは、考える力がある人が経営者や上司になっているはずですから、新しい取り組みや次の施策を考え出すことができるのです。ただ、それだけでは一方通行です。上司が指示を出し、メンバーがその指示に従うだけですので、上司の考えたアイデアや施策が不十分だった場合に部署も会社もマイナスになります。しかし、社員側がボトムアップで考える力をつければ、その案はここに不備がありそう、こうしたほうがいいと思うといったアイデアが言えるようになります。上司の発想ありきのアイデアがメンバーの意見によって磨かれ、より良い施策になるのです。

これは企業のあり方を変えることにもつながるものです。経営方針を考えるのは経営者や経営陣の役目ですが、それだけでは良い企業にはなれません。社長が古臭い考えをもっていたら会社全体が時代に取り残されますし、コンプライアンス意識が薄ければ社員も取引先も離れていってしまいます。経営者のミスリードで会社が良くない方向に進み始めたときには誰かが指摘し、軌道修正する必要があります。社内外の取締役が指摘してもいいですし、幹部社員や若いリーダー層が指摘しても構いません。働きやすく、楽しく成長していける会社にしていくためには、社員それぞれが自分の理想的な働き方や職場環境を考えて、それを会社に向かって発信していくのが望ましいのです。

そのためには考える材料を与える必要があります。経営者のなかには、社員からの提案が少ないことに不満をもち、改善のアイデアが出てこないと悩む人がいますが、その根本的な原因は会社に関する情報を十分に開示できていないからです。インプットがない状態では意見もアイデアも出せません。会社の収支は教えない、戦略は伝えない、理念は掲げるけどその背景にある思いや情熱については話さないといったインプットなしの状態で、意見やアイデアをアウトプットしろというほうがおかしいのです。

私の会社を例にすると、社員個人の給料の額を除いてほとんどの情報を社員が見られるようにしています。理念や戦略はもちろん、契約状況、売上、利益なども開示しています。私がこれからやりたいと思っていること、実現したいことなども伝えています。さらにオフィスの賃料、通信費や交通費などの経費も全部を見られるようにしています。どの情報が、どんなアウトプットにつながるかは分かりませんが、情報を見ることによって社員がなにか考えたり気づいたりすることがあるのではないかと考えているのです。

例えば、財務諸表を見れば会社が銀行からいくら借りているかが分かります。そういう情報は普段の業務とは関係ありませんが、関係ないからこそ気になるものです。利益が出ているのになぜ銀行から借りないといけないのか、資金の余裕があるとどんなメリットがあるのかといった疑問が湧くことで視野が広がります。そのような疑問に答えたり、経営戦略に関する話を重ねたりすることで、社員は自分も経営参画しているように感じ、視座も高くなるのです。

借入金や広告宣伝費の金額がいくらか分かっても、それで営業力が上がるわけではありません。しかし、企業の一員であるという自覚が芽生え、仕事と向き合う心構えが変わります。自分が意見を言うことによって企業がもっと良くなるかもしれないと感じ、アウトプットする意識も高くなるのです。

意見を言える場をつくる

社員のアウトプットを引き出すためには、アウトプットできる場をつくることも大事です。私は半年に1回のペースで全社員と面談をしています。彼らに会社や仕事の課題を聞いて、改善点と改善策を共有するための面談です。会社や仕事について改善してほしいことを聞くと、ないと言う人もいます。しかし、こうなってほしい、こうなるとうれしいといった理想や希望も含めてひねり出してもらいます。聞き方や引き出し方を変えながら、アウトプットしてもらうことが大事なのです。

例えば、営業がもう1人欲しいといった意見が出れば、私は翌日から新人募集を始めます。経費に関する情報はすべて開示していますから、社員は採用にかかるコストが分かりますし、人件費や教育費などがかかることも分かっています。そのような背景が分かっていると、営業をもう1人望んだ当人は自分が言い出したことだと意識し、新人を育てる責任を感じます。新人にとって手本となるような先輩になろうとし、そのために勉強しようという意欲も大きくなるのです。

オフィスの移転を決めたのも社員の声がきっかけです。人が増えて手狭に感じるときがあるという意見を絞り出してもらい、広いオフィスに引っ越そうと決めました。その際にも移転にかかる費用はすべて開示しました。また、どういうレイアウトがいいか、どんなデスクがいいかといったことを社員にも考えてもらい、リモートでの打ち合わせ中に周りの声が入らないようにするための防音ブースが欲しい、長時間座っても疲れない椅子がいいといった社員の意見を反映させながら移転計画を進めていったのです。

移転の打ち合わせをしていると、コストを意識して自分の仕事につなげるような考え方をする発言が出てきます。あらゆる情報を開示し、個々の意見を反映する体制をつくることによって、社員は企業の一員であることを意識するようになり、仕事に対する取り組み方もより積極的になります。

このことからも分かるように、社員はそれぞれ意見やアイデアをもっています。議題や材料があれば考える力も発揮します。それを引き出せるかどうかは経営者次第で、社員が意見を言わないとか、意見をもっていないというのは誤解に過ぎず、彼らが考えないのは考えるために必要な材料と機会が足りていないだけのことなのです。

ウェブ研修で学べるのは学習意欲がある人

時代的にも環境的にも、研修はオンラインで簡単に受けられるようになっています。オフィスや自宅からリモートで参加できるセミナーもありますし、好きな時間に見られる録画のオンライン講座もたくさんあります。

これは学習意欲がある人にとっては大きな変化です。便利なツールと機会を活用することで、やる気がある人は次々と学べますし、学習意欲がない人との差も広がっていきます。

いい換えれば、ウェブ研修で成長するのはやる気がある人だけということです。ウェブ研修は講師側からは受講者の様子が分かりません。しっかり聞いているかが分かりませんし、画面の向こうで別の業務などをしていても把握できません。画面オフの研修は、そもそも画面の前に座っているかどうかも分かりません。

年齢別で見ると、20代や30代の若い人たちには真面目な人が多いせいか、ウェブ研修でも真剣に参加している人が多いように感じます。次世代リーダー層の30代も学習意欲が高いと思います。また、女性の受講者も熱心に取り組んでいます。特に時短勤務の人のなかには、女性の育成をあと回しにしてきた職場でお荷物のような扱いを受けた経験がある人もいます。そうした人ほど久々の勉強の機会で学ぶ意欲が高まっていますし、会社が自分たちにお金をかけてくれていることにも喜んでいます。

このタイプの人たちはウェブ研修で十分に学べる人たちです。対面型の研修と比べると、企業としては、社員が研修会場と会社を移動する必要がないため、業務への影響が小さく抑えられます。移動のための交通費もかかりません。

一方、40代や50代になると真剣さが低下する傾向があります。熱心に受講している優秀な管理職もいますが、ベテラン社員で成長意欲がなくなっている人（ふわふわ、ニコニコしているのですが、どこか虚ろな感じに見えるので、私はこういう人たちを「妖精」と呼んでいます）は学ぶ気がなく、面倒だな、仕事をしていたほうがよかったなどと感じている人が多いのです。これは企業としてはお金の無駄遣いです。企業は、研修を嫌がるベテランでも手軽に受講できるウェブ研修なら真面目に参加してくれるだろうと期待しますが、彼らにとってのウェブ研修は簡単にサボれる研修なのです。

手抜きしにくい環境をつくる

妖精や妖精化しつつある人たちに真面目に研修を受けてもらうためには、手抜きしやすいウェブ研修ではなく対面型の研修にして学ばなければならない状態にすることが最も効果的です。対面型研修の特徴は周りに人がいることです。目の前には講師がいます。前後左右には一緒に研修を受けている人がいます。そのような状況ではサボれませんし、学ばざるを得ない状態にすることで自然と意識が研修の内容に向くのです。

対面型研修は、周りと自分を比べる機会にもなります。これもウェブ研修と違う点です。

例えば、アウトプット型の研修ではお互いに意見を言い合うことにより、自分の知識が不足していることを自覚します。優秀な人と接することで競争心や対抗心が芽生え、やる気に火がつくこともあるはずです。

周りとの比較は、妖精や妖精化しつつある人に限らず、自信満々になっている次世代リーダー層にも気づきや自覚をもたらします。次世代リーダー層は、自分の今の能力に驕ることなく、もっと学ばなければならない、上には上がいると認識することによって人格が高まり、管理職としての素養を身につけていくことができます。要するに、自分はできる、自分はすごいといった思い込みから抜け出すきっかけが大事ということです。

次世代リーダーの対面型研修は周りにも優秀な人が集まりますので、自分がまだまだ未熟だと気づくことができます。そのうえで、良いチームをつくれる管理職はこういう人、人が集まる人はこういう特徴があるといったことを研修で学べば、今の自分のレベルと現実を知ることができ、それが次の成長のきっかけになります。

できる人は、自分ができる人間だとは思いません。より高いところを目指しているため、自分にはまだ課題があると思っています。その課題を解決していくことが成長で、次世代リーダーから管理職へと成長することにもつながります。対面型研修は、そのための最適の場になるのです。

継続的に学べる仕組みが大事

研修は中長期で考える必要があります。何歳になったら勉強しなくていいということはなく、優秀な人は管理職になっても定年になっても勉強しています。企業としても社員の育成で重要なのは優秀な人を増やし、優秀な人をさらに優秀に育てていくことですので、そのための機会となる研修は継続的に実施していくことが重要です。

ヒューマンスキル研修を例にすると、新入社員研修があり、次世代リーダー研修があり、管理職研修があるといった流れができていれば、社員は自分の成長に応じて、そのときどきで必要な知識やスキルを学ぶことができます。また、そのような大きな流れを補強するために、テクニカルスキル研修を組み合わせるとさらに成長しやすくなります。

ヒューマンスキル研修が中長期での成長を目的として普遍的なスキルを学ぶのに対して、テクニカルスキル研修はその時々のトレンドや業務で必要なスキルを学ぶものです。そのため、テクニカルスキル研修は短期でも構わないと思います。例えば、マネジメントやコンプライアンスを学ぶヒューマンスキル系の研修は、研修対象となる年齢や役職になったときに3日間行い、一方で、ITやDXに関する知識習得や、業務で必要となる技術のブラッシュアップなどのテクニカルスキル系の研修は、社内研修と外部研修を使い分けながら、半日や1日で行うといった仕組みにすれば、中長期で人格を高めつつ、実践ですぐに役立つスキルも同時に学んでいくことができるのです。

ヒューマンスキルは一朝一夕では身につきません。当たり前のレベルを高め、そのために自律心と良心を育てると伝えても、その意義が分からない人もいます。そもそも社内では業務に直接的に関係するスキルはOJTなどで教えますが、ヒューマンスキル系を教えている企業は少なく、また、教えられる人も少ないため、良心などについて学ぶ狙いが理解されづらいのです。

そのため、これらは1回学んで終わりとするのではなく、長期的、継続的に学んでいくことが大事です。研修にかける予算や時間の事情も関係しますが、半日の研修でプリント1枚分のインプットをしただけの人より、長期で学び、プリント100枚分のインプットをした人のほうが成長しますし、アウトプットのスキルも向上するはずです。研修だけで人格は変わりませんが、変わるためのきっかけとしても、ヒューマンスキル研修は継続的に行っていくべきものなのです。

スペシャリストよりゼネラリスト

ヒューマンスキルとテクニカルスキルの区別は、ゼネラリストとスペシャリストの視点で考えることもできます。優秀なゼネラリストになるためには幅広い知見が求められます。対人関係のスキルも重要ですのでコミュニケーションやマネジメントといったヒューマンスキルを身につける必要もあります。

一方、優秀なスペシャリストは特定の分野を深掘りする人ですので、ヒューマンスキルよりもテクニカルスキルの習得とアップデートが重要になります。企業が発展していくためには両方のタイプが必要です。ただし、外部研修の活用という点では、ゼネラリストを育てるヒューマンスキル研修に重点をおくのが良いと思います。なぜなら、スペシャリストに必要な技術は社内でも学ぶことができますし、それよりももっと大きな問題として、スペシャリスト中心の企業となった場合、費用とコストをかけて社員が身につけたスキルが時代の変化や技術のイノベーションなどによって陳腐化し、社会で通用しなくなったり無価値になったりするリスクがあるからです。

今はデータ分析やデータ活用のスキルが重宝されますが、10年後、20年後にはＡＩが自動で分析し、活用してくれる時代になっていることが考えられます。そうなると、スキルを武器にしてキャリア形成してきた社員は別のスキルを学び直すことになります。スキルをもつ社員は企業の資産ですが、市場における彼らの資産価値が下がり、企業の価値も下がります。社内でスキルを継承していく際も、社会で通用しないスキルでは意味がありません。

これは人づくりという点での経営方針における重要なポイントで、研修などを使って中長期で学習するテーマは、時代とともに陳腐化しづらい普遍的なテーマ、つまりヒューマンスキルにすることが大事です。短期的にはテクニカルスキルを高め、スペシャリスト集団となることによって業績を上げて他社と差別化することができますが、研修で学ぶ内容のバランスとしてはヒューマンスキルに重点をおくほうが中長期で発展しやすくなるのです。

また、同じようにスキルを学ぶ側の社員にとっても大事なことです。キャリア形成において、職人的、オタク的にテクニカルスキルを掘り下げることは、自分のキャリアの選択肢を狭めることにつながります。特にコロナ禍以降の社会は変化のスピードが速く、社会で求められるスキルが大きく変化していますし、今後もその傾向が変わるとは思えません。

中長期で社会に必要とされ続けるためには、なにができてなにが得意であるかといった特定の分野の強みをもつことより、変化に合わせてさまざまなことに対応できる力が必要です。キャリア形成は中長期の目線で考えることが大事ですし、ゼネラリストとして優秀になっていくことを念頭におきながら学んでいくことが大事なのです。

［第5章］

課題共有・自社向けカスタマイズ・アフターフォロー――実績のある「研修代行会社」を選択する

学習効果が高い研修業者を探す

研修はテーマもスタイルも多様です。また、どの研修業者に依頼するかによっても効果が変わるため、経営者や研修の担当者としては、どんな人を育てたいか、どんなスキルを身につけてほしいかといった企業としての研修の目的を踏まえ、最高であると思える研修業者が見つかるまで、その目的を着実に達成できる研修業者を選ぶことが大事です。

研修によっては内容が難しく、社員がついていけない場合もあれば反対に、研修内容が基礎的過ぎるため、社員がつまらなく感じることもあります。また、研修を重ねることで社員は着々と成長していきます。社内に人格者が増えていくことによって職場での人材育成もできるようになります。すると、研修を受ける社員のレベルが上がり、数年前に学んだ内容では物足りなくなることがあります。以前は画期的だと感じていた内容が成長するにつれて当たり前になり、より高度な内容を学べる研修が必要になってくるのです。

いずれのケースにおいても、研修内容と社員のレベルのズレがあるとお金と時間の無駄になります。このズレを見抜くのは経営者や担当者の役目です。研修後に社員にヒアリン

【図表12】研修会社ごとの特徴を見極める

	研修会社A	研修会社B	研修会社C
研修テーマ	・リーダーシップ ・マネージメント ・コミュニケーションスキル	・各種ハラスメント ・コンプライアンス ・リスクマネジメント	・ITスキル ・リテラシー ・情報セキュリティ
研修スタイル	オープン型／クローズ型（オーダーメイドによるヒューマンスキル研修に対応可能	オープン型のみ	オープン型／クローズ型（研修内容はパッケージ型）
専門性	高い	入門編から高度なものまで	入門編、汎用的なものが中心

グやアンケートを行ったり、業績への影響を分析したりしながら、ちょうど良いレベルの研修をする研修業者に変えながら、研修のレベルを高めていくことが大事です。また、社員が成長していくことを考えて、研修内容を高度化できる業者を選ぶことも重要です。そのためには、汎用的な内容が多いオープン型より、社員の現状や企業として目指す姿などに応じて研修内容をつくるクローズド型（非公開型）の業者を選ぶほうがいいといえます。

このような視点をもって研修のレベルを高めていくことが理想なのですが、研修業者の評価や見直しを行っている企業はそれほど多くありません。優秀な担当者がいる企業は常にいい内容にしようと研修業者を比較しますが、社員のヒアリングなどを行っていなかったり、行っていても、結局去年と同じ研修にしておくのが無難であると考えたりして、見直さないまま放置する担当者もいるのです。

そう考える理由は、面倒くさいからです。まずは新しい研修業者を探さなければなりません。企業によっては、研修業者を変えるための稟議を通さなければならず、そのために社内でプレゼンが必要になることもあります。その手間が心理的な負担になり、去年と同じものを選択するのです。大変だと感じるのは分かりますが、突き詰めていえば、それは担当者として職務怠慢です。経営者がそう考えているのだとしたら、人材育成を放棄しているのと同じです。

まずはその意識を変える必要があります。企業が考える目的を果たせない研修であれば、それは不要ですし、時間とコストを踏まえ、その目的を着実に達成できる研修業者を選ぶことが大事です。

企業の理念と研修業者の考えを一致させる

研修業者の選択として、テクニカルスキルの研修については、業務に役立ちそうなテーマの研修を選べば問題ありません。業務で必要となるスキルは部署によって異なりますし、研修内容のレベルも社員の能力によって変わりますので企業としてはいくつかの研修を用意し、社員が必要に応じて参加できる仕組みにします。

一方、ヒューマンスキルは新人、リーダー、管理職、女性などの属性に合わせて行い、社員が自分の年齢や役職に応じて中長期で学んでいける仕組みにすることが大事です。そのため、ヒューマンスキルの研修業者は各テーマの研修ができる業者1つに絞るほうがスムーズです。

テーマごとにバラバラに依頼すると、例えば、新入社員研修では効率第一だと学び、リーダー研修では効率を考えてはいけないと学ぶといった矛盾が生まれる可能性があります。現場では若い人たちが効率的に働こうとし、それをリーダーが止めるといったチグハグな状態になります。それを避けるためには、ヒューマンスキル研修の筋を通すことが大事です。新入社員研修から管理職研修まで一貫して行える業者であれば、どの研修も基本的な考え方は同じはずです。研修で学んだ社員たちが同じ価値観、同じ考えで仕事に取り組んでいくために、ヒューマンスキル研修の業者は分散させないほうがいいのです。

また、これから研修に力を入れていく企業は、さしあたり受講したい研修の内容を選ぶことになりますが、将来的には別の階層や属性に向けた研修も行う可能性があります。そのことを念頭において、依頼しようとしている研修業者がほかにどんな研修を行っているか、新人や女性の研修をしたいと思ったときに対応してくれるかどうかも調べておくべきです。

1社を選ぶ場合には、研修業者が大事にしている価値観と企業の理念や人材育成のビジョンが自分の会社のものと一致していることが大前提です。経営方針として社会貢献や地域との調和を掲げている企業が、たくさん稼ぐスーパー営業マンを育てる研修業者に依頼してもおそらく成果は出ません。稼ぐことよりも調和を大事にすることを高く評価する企業では、社員がスーパー営業マンになったとしても活躍できませんし、評価されないことの不満や研修の成果を疑問視するような気持ちを抱くはずだからです。

世の中には、研修の重要性を理解し、同業他社よりも多く研修機会を設けているにもかかわらず、業績が伸びず、離職率も改善しない企業があります。その理由の1つが企業と研修業者のミスマッチです。このようなズレが起きないように研修業者の考え方や方針を吟味するのも経営者や担当者の役目です。

いい研修は伝統になる

企業の理念などにマッチする研修業者を見つけたら、企業が求める研修の目的とズレていない限り、その業者を長く使うことも大事だと思います。その理由は、良い研修を受けることが企業のなかで伝統になるからです。

例えば、新入社員研修の内容が充実していれば、去年受けた社員が、今年受ける社員に対して研修に臨むためのアドバイスができるようになります。それが5年も続くと、入社5年目までの全従業員が、新入社員研修で学んだことを共有できるようになります。10年続けば20代の社員が同じ教訓をもって仕事に取り組めるようになります。すると、10年目の社員が新入社員に対して、かわいがられる力が大事であることを伝えて研修内容をおさらいできるようになりますし、新入社員は良心や自律心を磨くとどうなるのかというお手本として先輩を見ることで、研修で学んだ事柄を実践的に復習できるようになります。

次世代リーダー、管理職、女性向けの研修も同じです。研修業者によって研修の内容や進め方は違います。似た価値観をもつ研修業者でも、ある業者が「良心」といい、別の業者は「人間性」という具合に、違う言葉を使うことがあります。1つの業者を使い続けることで、「良心」がどういう言動を意味するかが社内で浸透し、研修で学んだことや言葉が社員の共通言語になっていきます。このような反復と浸透によって研修で学んだことが社内に根づきやすくなるのです。

講師の質を確認

研修業者の選定について細かな点を見ていくと、まず誰が教えるかが大事です。テクニカルスキル研修であれば、例えば、マナー研修は客室乗務員やホテル勤務だった人が多く、マーケティング研修はコンサルティング会社、大手企業の営業部門、大学など教育機関の経営系の学部で働いていた人が多いといった傾向が見受けられます。

テクニカルスキル研修については、正直なところ、これまでのキャリアと講師としての実績を見て選べばいいと思います。研修業者の専属ではなく、複数の業者の研修を請け負っている人もいますが、そもそもテクニカルスキル研修は社員に身につけてほしいスキルをピンポイントで学んだり、資格取得のために受講したりするケースが多いため、研修内容がきちんとしたものであれば効果は十分に期待できます。

一方、ヒューマンスキルは講師の質の高さが重要視されます。まず講師が研修業者の専属でない場合は避けたほうがいいと思います。ヒューマンスキル研修は単発ではなく、新入社員研修のように定期的に行っていくものです。講師が代わると研修内容が変わり、教える内容も伝え方も変わります。研修で学んだことを社内の共通言語にするのが難しくなり、浸透させていくのも難しくなるのです。

いい換えれば、専属の講師がいない研修業者は避けたほうが無難だということです。このタイプの研修業者は費用が安いところに多く、なかには直前まで誰が講師として来るか分からない業者もあります。つまり、当たりはずれの差が大きく、当たりだと思ったとしてもその講師への再依頼ができないことが多いため、そのような業者とは長く付き合っていくことができないのです。

職歴より人柄や考え方が重要

講師本人については、人柄や考え方を確認する必要があります。研修業者を選ぶ経営者や担当者の相性や好みもあるのですが、同じテーマの研修でも講師によって指導方法が違うため、社員の理解度も変わります。理解が深まれば学ぶことが楽しくなり、本気度もさらに高まります。

選ぶ際のポイントとして職歴を見る人は多いと思いますが、それはあまり意味がないと私は思います。元大手企業の役職者、外資系企業の人事、有名大学の教授、有名コンサルティング会社勤務といった経歴を見て、良さそうだと思う気持ちは分かります。ただ、実際はそれほどでもなく、期待外れになることも多いのが実態です。例えば、職歴が輝いている人は、自分はこう勉強して成長したといった体験談を伝えます。実際にその方法で大手企業に入社したり社会的地位の高い職業に就いたりしたのですから、方法論としては間違っていません。

ただ、それは成長意欲がある人にとってのみ有効な方法である可能性があります。研修を受ける全従業員が勉強好きで向上心をもっている訳ではありません。むしろ懐疑的でうしろ向きな姿勢で参加している人もたくさんいます。講師に求める要素は、そういう人をやる気にさせる力です。その力と職歴が素晴らしいことは関係がないのです。

そもそもの話として、その講師が育成者として本当にすばらしい人だったとしたら、元の勤務先が手放さないはずです。私が経営者なら収入を倍にしてでもつなぎ止めたいと思います。その点から考えても経歴は当てになりません。それよりも大事なのは講師としての熱意や理念で、そこを知るためには経営者や担当者が実際に講師と会って、どういう人なのかを知ることが大事です。

会って話をしてみれば、どんな考えの人なのか分かりますし、人柄の良し悪しも伝わります。講師の考え方が企業の理念と共鳴するか、講師の育成方針に共感できるかといったことも分かります。大事なのはその感覚だと思います。この講師に新入社員たちを託したい、管理職の育成を任せれば企業の将来を良い方向に変えていけそうな気がすると感じる人に頼むのが最も良い方法です。会って話を聞く機会がつくれなさそうであれば、研修やセミナーを見にいく方法もあります。または、人づてに評判を聞くこともできます。

研修をやる気の火つけ役に使う

研修で学ぶことによって瞬間的には学習意欲が盛り上がるのですが、研修を終えて職場に戻ると冷めてしまい、研修前の状態に戻ってしまうといった例がよくあります。少し長い時間軸で考え、継続していく仕組みをつくることが重要です。これは研修業者と企業が二人三脚で取り組まなければなりません。研修後のアフターフォローについて相談に乗ってくれたりアドバイスをしてくれたりする業者が適しています。

企業側では、まず経営者や研修の担当者が社員の育成に本気になる必要があります。研修に時間とお金をかけるだけでなく、研修した内容について議論する場をつくったり、研修で学んだことをレポートとして提出するなど社内でフィードバックする仕組みをつくったりすれば、研修内容は社員に定着しやすくなります。とりあえず研修を受けさせればいいと考えていると、このようなフォローが手薄になります。受けて終わりではなく、受けてからどう活かすか、どうやって業務に浸透させるかを考える必要があるのです。

また、経営者や担当者のなかには、研修によって社員のやる気が出て、勉強にも仕事にも熱心に取り組むようになると考えている人がいますが、これは誤解です。研修はやる気の火つけ役に過ぎません。その火を激しく燃え上がらせるのは企業です。そのために研修内容を反復できる場をつくったり、必要に応じて制度を変えたりする必要があります。例えば、女性向け研修で女性社員のやる気に火がつき、責任ある仕事がしたいと思うようになっても、社内に女性が活躍できるポストがなかったり、昇進制度の面で男性社員より不利な状況になっていたりすれば、女性のやる気は低下します。研修が終わると熱が冷めるのはこの状態で、企業が期待したせっかくの火種を消しています。研修を受けさせればあとは自助努力で成長するだろうと放置する企業では、何度火をつけても消えてしまうのです。

そうならないように、研修で社員に変化が見えたら、経営者も企業も変わらなければなりません。また、人はすぐには変わりませんので、小さな変化を評価し、変わっていくことを継続的に推奨しながら、小さな火種を育て、大きな炎にしていくことが大事になります。

学びのきっかけをたくさんつくる

やる気の火種を炎にしていくために、研修業者側ができることもあります。私たちの研修では、研修終了から1カ月間ほどかけて、研修で学んだことを振り返るフォローをします。振り返るためのツールを使って参加した人たちに宿題を出し、提出してもらうようにしています。管理職研修では終了後に面談を行っていますし、研修の担当者に対しては、制度の見直しや改善についての相談にも乗ります。ただ、私たちの研修は社員の自律心を育てることを目的の一つとしていますので、いつまでもフォローするわけではありません。フォローがなくても自主的に学び、課題や使命感をもって仕事と向き合えるようになることが大事ですので、大きな炎にしていくためにはやはり企業の取り組みが必要になります。学んだり変わったりすることの重要性を認識できるきっかけをいろいろと用意するのです。例えば、研修を受けた社員に向けて社長が期待や応援のメッセージを伝えるだけでも社員のやる気は持続しやすくなります。

若い人や女性の活躍を推進するなら、そのために必要な制度に変えるだけでなく、変えたことを社内にしっかりアピールすることも大事です。社内報があるなら、研修の内容や研修を受けた人の紹介をすることで、企業として社員の成長を後押ししていることを伝えられます。企業の取り組みが伝わることによって、社員は会社の期待を感じ取り信頼を高めるため、やる気の火が大きくなります。社員にそう思わせる変化を意識し、研修などを通じて社員の成長を支える関係性をつくっていくことが大事です。

成長をフォローするといっても、そのためのプログラムをつくったり社内研修を行ったりすることだけが必要なわけではありません。そこまで手をかけなくてもできることはたくさんあります。話題のビジネス書をそろえて、自己研鑽《けんさん》のために読書を推奨することでも効果的な学びの後押しになります。読書の習慣がない人はなかなか本を読みませんので、マンガでも構いません。私は歴史好きということもあって、『三国志』や幕末をテーマにしたマンガからも多くの教訓を学んできました。『三国志』は作品世界の背景にある論語の思想を通じて人格について学ぶことができます。『新選組』の生き様からは義の心を学ぶことができます。『キングダム』は戦略について、『ワンピース』はチームワークについて学べるなど、娯楽や息抜きだと思われがちなマンガは、実はインプットに有効ですし、勉強しなければいけないという心理的負担が軽くなるという面もあり、意外に効果的な学びのツールになり得るのです。

コストもかかりません。育成や学習のための環境をつくることについて、中小企業の経営者などは経費がかけられないという否定的な理由に挙げますが、長編マンガを全巻そろえても、せいぜい数万円です。それで何人もの人が学べるなら費用対効果としては高いわけです。

ほかにも手段はいろいろと考えられますし、研修業者に相談すればさらに幅広いアイデアが聞けるはずです。大事なのは手を替え品を替えできるだけ多くのきっかけをつくることです。

満足感よりも充実感

やる気の火を消さないという点では、不必要に満足感を求めないことも大事です。研修をすると、ほとんどの企業が参加者に研修の満足度を尋ねます。学びになったのか、難易度はどうだったのか、回数や時間はちょうど良かったのかといった質問を通じて、満足感を数値化しようとします。

楽しく学ぶという点においては参加者が満足することは大事なのですが、私は満足感よりも充実感のほうが大事だと考えています。満足感は、例えば、おいしいものを食べたり友達と楽しく遊んだりしたときに高まる感覚で、その瞬間は最高点まで上がりますが、時間が経つにつれて下がっていきます。研修で真剣に学んで満足感を得た人が、職場に戻って冷めていくのはこのパターンです。企業は学校ではないため、学ぶだけで終わるのではなく、仕事に活かさなければなりません。また、学びは年齢に関係なくずっと続くものですので、学んで一時的に満足するのではなく、やる気を維持し、継続していくことが大事です。

そのエネルギーになるのが充実感です。日々学び、成長を実感している人は、毎日が充実しているはずです。成長のために自分ができることを探し、努力している人も充実感があるはずです。やる気の火を炎にしていくためにはこの感覚が重要で、経営者も研修の担当者も、参加者が満足したかどうかではなく、研修後も充実しているかを調べるべきであり、充実を実感できる研修を目指すべきなのです。

時間ではなく濃さが大事

満足感と充実感の違いについては、研修以外にも考えられることがいろいろあります。例えば、休日が増えたり勤務時間が短縮されたりすれば社員の満足感は高まりますが、空いた時間になにもすることがない人は充実感を得られず、それなら仕事をしていたほうがいいと感じます。つまり、自由に使える時間が増えたとしても、その時間で夢中になれるなにかがなければ充実感は高まらないということです。逆に、自由に使える時間が少なかったとしても、その時間が自分にとって濃い時間になれば充実感は高まるのです。なにをして濃くするかは人それぞれですが、やりたいことを夢中でやっているときほど充実します。経営者や研修の担当者としては、社員が仕事や学びに夢中になっている状態をつくることが目標といえます。

一方の社員側には、学ばない理由として忙しさ、時間のなさを挙げる人がいます。しかし、充実感は時間ではなく濃さから生まれるという点から考えると、そういう人は仮に学ぶために十分な時間ができたとしても充実しないはずです。突き詰めていえば、時間がある、ないということは、仕事や学びで充実感を得ることとは無関係だということです。

ワーク・ライフ・バランスの本当の意味するところ

濃さよりも時間に目が向くのは、近年のバズワードの1つとなっているワーク・ライフ・バランスが影響しているように思います。ワーク・ライフ・バランスという言葉は、世間的には定時に帰って自分の時間を増やすことが大事だという意味で解釈されています。実際、大学などの講義でもそのように教えているケースがあり、その潮流のなかで企業は残業を減らして休日を増やしますし、社員も残業しない働き方を目指します。

しかし、ワーク・ライフ・バランスの本質的な意味は仕事と仕事以外の生活の調和です。仕事以外の生活には育児、介護、趣味、学習、休養、地域活動などが含まれ、政府による定義でも働くすべての人が仕事と仕事以外の生活の調和を取り、両方を充実させる働き方、生き方と書かれています。ここで大事なのは、仕事と仕事以外の生活を充実させるということであって、本来は時間を減らしたり増やしたりするという話ではないのです。残業時間や定時を何時にするかといった話はワーク・ライフ・バランスの実現においては関係がなく（または、とても関係性が薄く）、勤務時間が長くても当人が充実していればワーク・ライフ・バランスを実現できているといえますし、1日1時間しか働いていなくても残りの時間が充実していなければ実現できていないわけです。

私の働き方を例に挙げると、仕事柄出張が多いため、子どもと過ごせる時間は少ないと思います。夜中の2時、3時まで仕事をすることもありますので、子どもは実家で過ごすことが多く、反対に私の職場に来て宿題をする日もあります。一般的なワーク・ライフ・バランスの観点から見たら、非常にバランスが悪いと判断されかねません。子どもがかわいそうだ、大変そうだなどと思われてしまいそうです。

しかし、私も子どもも充実しています。ほかの家の子育てとは違いますが、だからこそ、ほかの家では経験できないことができる事実こそ大事だと考えています。これはやや極端な例で、過度な残業を正当化するわけでもありませんが、大事なのは本人が充実しているかどうかであり、仮に一緒に過ごす時間がもっとあったとしても、その時間の中身が薄ければ私も子どもも幸せではないというのは断言できます。

そもそも時間で調整するワーク・ライフ・バランスの考え方は、日々の残業を減らすことや、月間・年間の休日を増やすといったことに焦点を当てますが、本来はそんな短期間で調整して解決するような問題ではありません。仕事を続けていく何十年という期間のバランスで考える必要があるはずです。例えば、女性は出産と育児によって一定期間は仕事以外の生活に時間を使うことになります。この期間は仕事ができませんからワークとライフのバランスが悪いのですが、女性は出産と育児で充実していると感じるはずです。また、短期的にはワークの要素がない日々が続いても、復職して再び仕事をするようになれば長期的にはバランスが取れます。重要なのは、そのときに充実感を得られる仕事に戻れるかどうかです。やりがいを感じられる仕事ができれば、時短勤務でも充実感が得られます。ワークとライフを時間配分で見る必要はありません。残業や休日で考えるワーク・ライフ・バランスは、ワークとライフの時間配分を5：5にすることを良しとしますが、そうすることによって全員が充実するわけではありません。充実していると感じられるバランスは人によって違います。育児や介護といった家庭環境や年齢によっても変わるため、9：1であれ1：9であれ、当人が充実感を得られる配分を考える必要があるのです。

楽しくなければ効果は出ない

学ぶことで充実感を得るためには、学びそのものを楽しいと感じることが絶対条件です。楽しいことは継続できますし、のめり込めます。その結果として成長にも結びつきます。重要なのはこのサイクルをつくることで、難しいビジネス書が嫌ならマンガで学べば良いという話も、楽しいことが大事だという考えからきています。

研修も、つまらないより楽しいほうが参加者は前向きに取り組めますし、効果も期待できます。しかし研修後に自社で行うフォローが強引な押しつけじみたものになってしまって、やらされ感が生まれてしまっては、楽しくないばかりか研修を受けたときの楽しさも帳消しになってしまいます。良い学びを継続させるために、楽しさを意識することは効果的であり、必須なのです。

楽しい学びにするためにできることとしては、事前のリサーチがあります。あらかじめ参加者たちがどんなことを学びたがっているか調べておけば、それに応えるだけで楽しさややる気を一つ引き出すことができます。ＤＸについて知りたい、ＳＤＧｓに興味があるといった具体的な意見があれば、そのような内容を学べるテクニカル研修を用意することで学ぶ意欲を刺激するとっかかりがつくれるのです。ヒューマンスキル研修については、意見交換ができる、他者と交流できるといった内容でリサーチすることができます。

参加者が積極的になる研修とは

また、楽しく学ぶためには誰かに評価される環境で学ぶことも大事です。数ある研修のなかには、講師が厳しく指導するものもあります。高圧的に指示を出し、できない参加者を追い詰めることによって能力を伸ばそうとするタイプの研修です。これは楽しくありません。不満が溜まりますし、叱られることに慣れていない若い人たちがやる気をなくす可能性もあります。逆に、評価され褒められればやる気が出ます。自己肯定感と自己効力感が高まることで学ぶ意欲も積極的に参加する意識も高まりやすくなるのです。私たちの研修も、認めることと褒めることを重視しています。40代や50代は上司に褒められた経験が少ないため、特に効果的です。研修開始時にはやらされ感があった人もみるみるやる気が出て、前のめりになって参加するように変わります。

研修を終えて、社内でフォローする場合も同じです。おだててご機嫌を取る必要はありませんが、高圧的に相手を否定すると、せっかく研修でついた火種はすぐに消えてしまいます。重要なのは楽しいかどうかで、彼らが気持ちよく学び、楽しいから続けたいと感じるような環境をつくることは上司の役目なのです。

研修を通じて楽しい職場をつくる

人の育成には日々の仕事やコミュニケーションが楽しいかどうかが重要です。企業にはそれぞれ業績や人材確保などの課題がありますが、それらも社員が楽しいと感じていれば自然と解決できるものも多いのです。

例えば、若い社員が積極的に意見を言わないのは、インプットが少なかったり、言いづらい雰囲気があったりすることが要因ですが、さらに深掘りしていくと、上司とのコミュニケーションが楽しくないと感じているからです。なにか意見を言っても反論されると恐れていたり、聞く耳をもってくれないと諦めていたり、あるいは、浅い意見だと笑われることを嫌がっていたりするため、なにも言わないほうがいいと考えているのです。これは雰囲気というよりは、上司との信頼関係の問題です。人間には自分の意見を発することへの欲求が基本的にはあり、それが相手に届けば楽しいはずです。しかし、自分を否定する可能性が高いと感じている上司を相手に意見を言うことは、まったく楽しくないのです。

離職者が多いのも社員が職場や仕事が楽しくないと感じるからですし、先輩や上司と食事をしたり飲みに行ったりするのを嫌がる人が多いのも、そういう場に行っても楽しくないと思っているからです。若い人がすぐに辞めるのも、管理職になりたがらないのも、残業をしたくないと思うのも、その根底で共通しているのは職場や仕事が楽しくないということなのです。

上司はこの状況を変える必要があります。まずは相手を受け入れ、認める反応を示せば、相手はコミュニケーションを楽しめるようになり、意見を出す意欲は高まります。上下関係にこだわらず、自由に意見を交換できる関係性ができれば、たとえそれが飲み会の場だったとしても会話することを楽しく感じ、気づきが多い飲み会だった、充実した2次会だったなどと感じるようになります。

楽しくするというのは、馬鹿げたことをするという意味ではありません。人には知的好奇心があり、知識欲と成長意欲もありますから、知らないことを教わったり、分からなかったことが理解できたり、新しいことに触れたりしたときに楽しいと感じます。上司がそういった知識を提供できればメンバーは楽しいと感じますし、そのためには上司本人が視座を高くして、勉強を続けていくことが大事です。

また、会話することが楽しく感じる関係性ができることで、上司がメンバーから学べることもたくさんあります。例えば、若い人たちは頭が柔らかいため適応力があります。新しいことへの興味もありますし、行動力もあります。そのような姿勢を間近で見ながら、自分も好奇心をもたないといけないと自覚することがありますし、仕事は楽しいものだと再認識させられることもあります。叱っても伸びず、褒めると伸びるといったマネジメントのあり方についても彼らとの接点を通じて学ぶことができますし、その接点が多いほど上司も成長できると思うのです。

辞めていくメンバーに言われた衝撃の一言

学んでいくうえでも成長していくうえでも楽しさは不可欠です。このことに気がついた背景には私自身の失敗談があります。

今でこそ私は楽しい研修と楽しく学ぶことを重視し、それが私たちの研修の強みの一つでもあると思っていますし、会社のキャッチコピーにも「ワクワク！おもろく働く社会へ。」を掲げています。しかし、前職で部下をもつ管理職だった20代後半～30代前半の頃はまったく逆のことをしていました。

当時の私は、メンバーに対してアホ、カス、ボケを連発するマネジメントをしていました。今ならパワハラで訴えられても不思議ではないような上司で、とにかく結果を出すことを求め、結果が出ないなら辞めろとまで言っていました。人を育てるには厳しくする必要があると思い込み、私と同じように自助努力で勉強し、取引先を泥臭く回ることが唯一の正解だと信じていたのです。

当然、そのやり方では人は育たず、次々と人が辞めていきます。離職率に悩んでいる中小企業など比にならないくらい辞める人が多く、入れ替わり立ち替わりで１００人くらいの人が社員になり、そのうちの９割は辞めたと思います。辞めていった９割の人たちが無能だったわけではありません。他社ではきちんと活躍し、成果を出す人たちです。また、残った1割の人は、私が指示した以上のことはせず、自発的に動くようにもなりません。それでも私は、９割は捨て駒で残りの1割は成長するはずだという考えで、自分のやり方を変えませんでした。

この方法ではダメかもしれないと思ったのは、ある日、トイレで社員たちが私の悪口を言っているのを聞いたときです。「あいつ、ムカつく」「あいつ、なんなの」と誰かを「あいつ」呼ばわりして悪く言っているのが聞こえ、誰のことかと思っていたら私のことだったのです。決定的だったのは、辞めると伝えにきた社員に理由を聞いた際に「山口さん（私）にはなれないし、なりたくないです」と言われたことでした。

この会社で頑張って管理職になったところで、私のように社員に嫌われ、孤独で、イライラしながら走り回っている姿しかイメージできないというわけです。その覚悟がなければ管理職になれないのならなりたくない、このまま私のようになってしまうのは嫌だから辞めるとはっきり言われてしまいました。

これを機に、私は管理職としての自分のあり方をゼロから見直し、変えることにしました。まずは、アホ、カス、ボケを封印し、メンバーを強引に引っ張るのではなく、支えながら一緒に成長していくサーバント型リーダーにならなければいけないと自覚しました。また、自分主体の考え方を捨て、独断で決めるのではなく周りの意見を聞くようにして、自分の成長のためだけでなく、若い人たちが成長していくために情熱を注ぐリーダーになろうと決意したのです。

未来を良くするために変わり続ける

２０１４年に独立したあとも、慣れ親しんだ自分の強引なやり方を捨て切るまでには時間がかかりましたが、若い人がいきいきと働ける会社を目指し続けました。研修事業をするからには、まずは社内の若い人をしっかり育てなければなりません。そのために機会と環境を提供し、お金と時間と労力も使い、２０２２年には、ホワイト企業認定ゴールドを取得するまでになったのです。かつての私を知っている人には信じられない変化だと思います。「あいつ」の会社がホワイトなわけがないと疑う姿が目に浮かびます。

しかし、人は変われます。これは研修に参加する管理職の人たちにも伝えていることで、人が変われればメンバーが変わり、組織も変わり始めて業績が上がるようになります。

また、力でメンバーを押さえつけていた頃の私は、自分の成績が伸びたときだけは多少の満足感がありましたが、それ以外のときはずっとイライラしていました。しかし、自分を変えてきた経験から今、実感するのは、仕事をすることも社員とコミュニケーションすることも格段に楽しくなり、毎日が充実してきたということです。

上司が楽しそうにしていれば、メンバーも楽しく仕事ができるようになります。一般論として、若い人たちには上昇志向が薄く、リーダーや管理職になって責任を背負うことを避けたがるといわれます。確かに、私たちの世代と比べるとそのような傾向が強いように感じます。ただ、なにに対しても一生懸命にならないのかといえば、それは違います。学習意欲もありますし、興味があることには熱中して取り組みます。彼らに必要なのは欲や責任感や上昇志向ではありません。楽しく仕事をして充実した毎日を過ごしている上司や先輩が必要なのです。

未来をつくるのは若い人たちですから、若い人たちが育たなければ企業の未来もジリ貧になります。少し広い視野で見れば、日本全体が沈んでいきます。それを避けるためには、彼らがもっと輝ける社会にする方法を考える必要があります。引退まで10年、15年しか時間がない自分たちよりも、40年も50年も残っている人たちが成長できるようにしたほうが会社にとっても未来があります。

制度の変更や社内の雰囲気の改善などはそのための方法になりますが、その根底にあるのは教育です。彼らが成長できる教育の仕組みをつくることが大事ですし、そのためには経営者や上司が自分の考え方やマネジメントを変えることが重要なのです。

おわりに

生き残りが難しい時代

「難しい時代やなあ」

研修の打ち合わせなどで経営者と話をしていると、つくづくそう感じます。業績向上や人手不足といった昔からある課題も解消できないまま、働き方改革という言葉が広がり、ダイバーシティに、女性活躍、環境負荷の軽減やＳＤＧｓといった新しい社会課題が次々と出てきます。かつては市場内の競合と課題だけを見ていればどうにかなりましたが、グローバル化とイノベーションによって四方八方から競合や課題が襲ってくるようになりました。

変化のスピードも速くなっています。これは研修をする側としてもよく感じることです。

例えば、新しいマネジメント方法で業績を伸ばしていた企業が、ふと気づけば時代遅れになり、市場で低迷するようになっています。逆に「こんな方法で人が動くんやろか……」と思うような育成をして、業績を伸ばしている企業が現れることもあります。

人の育成は正解があるようでない世界です。研修のプロである私たちはもちろんですが、経営者もこのような変化を敏感に察知して、試行錯誤しながら企業を進化させていかなければなりません。その苦労と苦悩を間近で見ながら、大変な時代になったと思うのです。

変化が激しい時代だからこそ、経営者も管理職も若手も学び続けなければいけないのだと思います。さらにいえば、これからの世の中では、どれだけ学び、どれだけ成長するかが企業の成長に直結する生命線になるとも思っています。

ヒトへの投資が成長を生む

そもそも企業の経営資源である「ヒト・モノ・カネ・情報」のうち、モノとカネについては財務諸表に載り、投資家を含む社内外のステークホルダーの重要な評価点とされてきました。また、情報についても敏感な企業が増え、ウェブサイトなどを通じた情報発信に力を入れていますし、ＳＮＳなどの活用にも積極的です。

そのような流れを経て、ここ数年で注目されるようになったのがヒト（人）です。企業を支えるのはヒトです。モノやカネをもたない企業がヒトのアイデアや能力によってイノベーションを起こし、新たな市場をつくり出すケースも増えています。そこで近年では、ヒトを企業の貴重な資本ととらえ直して、人的資本経営という言葉も注目されるようになりました。

人的資本経営は、経済産業省の定義によれば、人の価値を最大限に引き出すことによって中長期的な企業価値の向上につなげる経営を意味します。また、人的資本は、社員がもつ知識、スキル、能力を指し、企業側では、教育、職場環境の改善、エンゲージメントを高める施策などを通じた投資が重要とされています。

つまり、モノ、カネ、情報による競争が高度化し、差別化が難しくなっている現代では、どれだけ優秀なヒト（人）を抱え込めるか、そして、そのための戦略をもって、適切な投資ができるかが重要だということです。

変わる企業が生き残る企業

これからの世の中は、個人レベルでは収入や健康状態が二極化し、企業は成長できる企業とできない企業の二極化が進むと思っています。二極化の進行の次は、二極化の定着であり、固定化です。若い人が採れないけれど、人がいないのだから仕方がない、離職率が下がらないけれど、人の流動性が高い時代だから仕方がないなどと考えていると、気づけば成長できない企業になり、そこが定位置になります。

そうなる前に、企業は変わらなければなりません。企業と社員が時代の変化をすばやく察知し、世の中のニーズを満たすための勉強を柔軟に取り入れていくことが大事です。その姿勢はラーニングアジリティともいわれます。成長していくために必要なことを積極的に探し出し、アジャイルに学習していく、という意味です。

実際、厳しい環境でも伸びている企業は、何か変えなければいけない、新しいことに取り組まなければならないという危機感をもって学び続け、変わり続けています。社員教育の内容を変えてみよう、研修の内容を変えてみよう、ダイバーシティを推進しようなどと考え、貪欲に変わろうとすることが成長に結びついているのです。

少し視野を広げれば、変わり続けることが日本の未来を明るくするだろうとも思います。昭和生まれの私は、先進国として成長してきた日本を誇りに感じています。日本人に生まれて良かったとも思っています。

一方で、子どもの目線で日本を見てみると、彼らはまったく別の感想をもつのだろうと思うことがあります。日本は今後、人口が減っていきます。アジアやアフリカの国々が成長し、優秀な人たちが成長力ある海外の企業に行ってしまえば、ますます労働人口が減り、人という資源が枯渇します。そこには悲壮感しかありません。

そのような未来を避けられるかどうかは、私たちが何を考え、なにをするかにかかっています。子どもたちが中国やインドに憧れる世の中になってしまうのか、それとも「やっぱり日本は素晴らしい」と思える世の中になるのか、今がその分岐点であり、私たちが未来を変えていかないといけないのです。

山口しのぶ（やまぐち しのぶ）

１９７７年大阪市生まれ。２０００年３月和歌山大学国際文化学部卒業、４月株式会社学生援護会（現パーソルキャリア株式会社）入社。２００３年４月株式会社ノーザンライツへ転職。２０１４年４月和歌山大学の非常勤講師。２０１４年５月、人材育成研修コンサルティング業務を手掛ける株式会社キャリアチアーズを設立し代表取締役に就任。

本書についての
ご意見・ご感想はコチラ

絶対成果の出るオドロキの社員研修

二〇二三年五月一九日　第一刷発行

著　者　山口しのぶ
発行人　久保田貴幸
発行元　株式会社　幻冬舎メディアコンサルティング
〒一五一-〇〇五一　東京都渋谷区千駄ヶ谷四-九-七
電話　〇三-五四一一-六四四〇（編集）
発売元　株式会社　幻冬舎
〒一五一-〇〇五一　東京都渋谷区千駄ヶ谷四-九-七
電話　〇三-五四一一-六二二二（営業）
印刷・製本　中央精版印刷株式会社
装　丁　立石愛

検印廃止

Printed in Japan　ISBN 978-4-344-94484-8 C2234
幻冬舎メディアコンサルティングＨＰ　https://www.gentosha-mc.com/

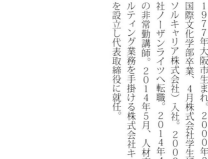